伝説の破天荒営業マンが伝える

大変革時代のビジネス思考、生き方とは何か?

WADOウイングス
代表取締役 林正孝

JN123262

知道出版

はじめに

私たちは今、大変な時代を生きていると言えます。

日々のテレビやネットなどのニュースが伝える内容から、実感されている人も多いと思います。

２０１９年、中国武漢で発生した新型コロナウイルスは、瞬く間に世界を席巻し、経済や社会構造を大きく変えてしまいました。そして、２０２２年にウクライナに突如ロシア軍が侵攻し、多くの犠牲者を出しています。さらに、この紛争により、ロシアに依存していたエネルギーの争奪戦に発展して、世界経済に大きな打撃をもたらし、各国の物価の上昇を生み出しています。

今後、世界的な戦争に発展するか否か、予断を許さないところです。

そして、２０２２年7月８日、奈良で選挙演説中の安部晋三元総理が凶弾に倒れるという悲劇が起こりました。

これが、参議院選挙の直前ということもあり、与党に大きな風が吹き、与党が圧勝するとともに、国会での改憲勢力が3分の2を占め、いよいよ憲法改正が日程にのぼるのではないかと思われる情勢です。

今後、日本の政治の大きな転回点になるのではないかと予想する評論家もいます。

私も日本が大きく変わる前兆であると感じています。


こうした時代にあって、私たちはどう生きるのか、それが最も大きな課題です。

まず、はっきりさせておかなければならないのは、私たちは、新型コロナウイルスのパンデミック以前の時代、何となく安定していた時代には、もはや戻れないということです。これからは不安定に変化する時代を、私たちは好むと好まざるとにかかわらず生きなければならないでしょう。


私は、これからさらなる動乱の時代が訪れると見ています。決して好むところではありませんが、時代の趨勢《すうせい》は大きな変化を求めています。

しかし、日本全体が、そのような大きな変化の時代に対応する準備ができていないように思われてなりません。

上は政治家から官僚、経済界、公的機関、そして国民の大半が、戦後70余年の「平和」にならされ、ボケてしまったからなのかもしれません。これは、私自身も含めてですが、日本人の大半が、戦争を知らない世代になっているからだともいえます。

これからの戦争は、従来の戦争のように武器をドンパチやるばかりでなく、マネーやエネルギー、食糧、情報などを駆使したバーチャル空間での争いでもあります。

サイバー空間における覇権を握ることで、血を一滴も流すことなく、相手の国の息の根をとめることも可能です。

そのような時代にあってもわが日本は、ずいぶん危機感がなく、政治家も官僚も自分の頭のハエを追うことが精いっぱいで、国の将来や国民の生活について思いをいたしているようには思えません。国民もまた、自分のことばかりに汲々としているように見えます。

社会に危機が迫っているにもかかわらず、ほとんどがそれを真剣に考えていません。

例えば、現在、中国は、わが国の領土である尖閣諸島を狙って、60日以上も領海侵犯を行っています。それに対して政治家も海上保安庁も海上自衛隊もマスコミも騒ぎません。

それだけでなく中国は、わが国の領空侵犯も平気でしています。他国であれば、撃墜されても文句を言えないような事態に対して、何もしないで手をこまねいているのが、わが国の実態です。いざとなったら、米軍が守ってくれるだろうと思ったら、それは大間違いです。アメリカ兵が、他国のために命を懸けるようなことは絶対にありえません。

憲法九条が日本を守ってくれると本気で思っているとしたら、その人はまったくの情報不足か、思考能力のない人間でしょう。それほど、「日本の平和は憲法九条で守られている」というのは空理空論にすぎないからです。

今こそ日本国民は、この国のこと、そして将来のことを真剣に考えなければならないと強く思っています。

さて、私、林正孝は、ビジネスの世界においては多少、成功した人間と見られているようです。

長年、保険営業の世界に携わっていました。保険営業のひとつの目標になっているのが〝MDRT〟という資格です。

これは、年間で一定の売り上げを達成した者が得られる資格ですが、全世界500社、70か国に会員がおり、国際機関の厳しい審査に通らないと得られない資格です。

私はこの資格を28年連続でクリアし、現在も継続しています。

また、全世界のMDRT会員の上位2パーセントしかなれない、MDRTの6倍の基準のTOT（Top of the Table）の称号もいただいています。

保険業界の人から見れば、成功者の一人として名が知られているかもしれません。お金も人脈も資産も少なからずあるほうでしょう。

たぶんそのような履歴のため、出版社の方からビジネス関係などの原稿のご依頼を受けることがあります。本書もまた、成功法則の要諦などを希望されていると思いましたが、私たちの「志誠學《しせいがく》」の評判を聞きつけてのご依頼でした。

「志誠學」とは、今から8年前に立ち上げた私塾のことです。

歴代の実業家である渋沢栄一《しぶさわえいいち》や鮎川義介《あゆかわよしすけ》たちも学び、日本経済の基盤を創り上げた日本古来からある「帝王學」を、現代の私たちが身をもって学んでいこうという思いで開塾しました。

私がこれまでのビジネスで得たノウハウは、単に保険業界だけでなく、どんな業界にあっても確実に成功するものである、という自信はあります。そこで、今までこのノウハウを若い経営者たちに惜しみなく提供してきました。

しかし、物質的には120パーセント満たされたとしても、今生きている世の中を見るにつけ、人として何かもの足りないものを感じざるを得ませんでした。

若い頃読んだ宮沢賢治の言葉に「世界がぜんたい幸福にならないかぎり、個人の幸福はありえない」というものがありますが、まさしく自分ひとりでは幸福にはなれないものだということを実感しているのです。

今の日本人の生活水準は、富める者と貧しい者の格差が拡大し続けています。世界全体を見ても3分の1が飢えで苦しんでいる一方、世界で8人の大富豪が世界全体の資産の50パーセントを占めていると言われています。

こうした世界の矛盾というものを数多く知ることにより、私は日本という素晴らしい国に生きて、何かするべきことがあるのではないかと考え続けてきました。

そして、歴史を学び直し、優れた師と仰ぐ人に教えを受け、今の私の立場でできることを始めなければならないと決意したのです。

最も大事なことは、私たち自身を知ることです。

日本とは何か。

日本人とは何か。
日本人としての使命とは何か。
日本人として、これから何をすべきなのか。

こうしたことを考える機関として、「志誠學」を主催したのです。

幸い、近代日本の礎を作った一人である鮎川義介の教えのエキスパートと言える日産鮎川義塾塾長の徳山揮純《とくやまきじゅん》先生、鮎川義介を義父とする日産鮎川義塾の主幹である鮎川雅子《まさこ》先生の協力をいただき、３００名以上の若き経営者と一緒に日本の底流に流れる貴い教えを学んでいます。

この国を、そして世界を、希望に満ち、誰もが生きる喜びを味わえるものにしていかなければならないと心底思っています。まずは、「隗《かい》より始めよ」の精神で、若き経営者と一緒に、これからの大変革時代に通用するビジネス思考、生き方を探究しています。

私は、ビジネスについてなら自論をもって何でもお答えできますが、国の将来やこれからの生き方についての知識は、正直言って確固たる自信はありません。

私自身も今、一学徒として懸命に勉強中の身であります。

みなさんは、「パンドラの箱」の話を聞いたことがあるでしょうか。

それまでパンドラの箱に封印されていた、この世の悪というものが、すべて世に出てしまい、最後に箱の底には「希望」が残っていたという話です。

日本も世界も大きな岐路に立たされていますが、しかし、最後に「希望」があります。

それについて本文でも触れていますが、私は、この本を読んでいる読者こそ、最後の「希望」であると思っています。


今の私の思いのたけをできるだけ本書に綴ったつもりです。そして、最後の「希望」をこの世にもたらすために、本書を世に送らんとしています。

そのような思いで書かれた本であることを頭の片隅に置いて、本書をお読みいただければ幸甚です。

著者

伝説の破天荒営業マンが伝える
大変革時代のビジネス思考、生き方とは何か？

第一章

私を育ててくれたもの

――私の少年時代

はじめに、私、林正孝がどんな人間であるのか、その人となりがいくらかでも想像してもらえるように幼年期のエピソードから書き綴っていこうと思います。

私が小学校二年生の頃の思い出です。

その頃、近所のどぶ川には、大きなカエルがうようよしていました。

当時の私が熱中したのが、川にいるウシガエルという食用ガエルを捕まえて、お金に換えることでした。当時は、食用ガエルを買い取る業者がいました。今考えると、子供だったので足元を見られて、安く買いたたかれたのですが、それでもカエルを1匹持っていくと、20円とか30円で買い取ってくれるのです。小学生にしては、いい小遣い稼ぎになりました。

両親は、学校の先生でしたが、小学生時代の小遣いはありませんでしたので、カエル売りは、大変助かった思い出があります。

これが私の生まれて初めての商売、ビジネスだったのかもしれません。

小学校三年になるとサッカーに熱中しました。カエル売りの少年は、たちまちサッカー少年に変貌していくのです。

私は運動神経が良かったのか、昼間は当時まだ人気のあった野球やソフトボールをやり、夕方にはサッカーとか水泳というように、1日中スポーツ漬けの毎日でした。とにかくスポーツなら何でも、誘われたならその種目にかかわらずやっていました。


その小学校三年のときでした。私についてあらぬ噂が流されたのです。

母親が小学校の教師をやっているもので、「林は事前にテストの問題を教えてもらっている」との噂がクラスの中でまことしやかに流れました。もちろん、そんなことはありません。

直接、私に言われたわけではありませんが、友達から私の耳に入ります。それは、子供ながら傷つきます。そのため、それから1年間、テストは白紙で出しました。

そんな私の心を癒してくれたのがサッカーでした。とにかくボールを蹴っていれば、嫌なことは何もかも忘れられます。サッカーの上手い下手と親は関係ないですから。

中学に入ってもスポーツ三昧の日々は続きました。

当時、部活も兼務が可能だったので、サッカー部に所属しながら中学陸上連盟にも所属していました。大会があると、陸上選手になったり、水泳選手になったりしたものでした。もともとスポーツは得意だったので、どんな種目でも器用にこなしていました。


この中学時代に今でも忘れられない苦い思い出があります。

私の通っていた小学校は、サッカー強豪校で、地元でも一目置かれていました。小学校のサッカー仲間と一緒に、繰り上りで近くの新設された中学校に行って、みんなでまたサッカーをやろうと約束していたのです。

しかし、両親の強い希望で、進学校を受験する羽目になったのです。

自分としてはかなり抵抗したのですが、「行かなくてもいいから、とにかく受験だけはしてほしい」との説得に負けて、国立の中学校を嫌々ながら受験することになりました。

受験することが決まったことをサッカー仲間に話したところ、みんなも受験すると言い出して、みんなで受験することになりました。

受験するからには、それなりの準備は必要です。とにかく受験の2か月前は集中して受験勉強をしました。

結果は、私一人が合格し、仲間はみんな落ちてしまいました。当初の約束では、受けるだけで、行かなくてもいい、ということでしたが、「合格したからには入学しなさい」という説得に折れて、不承不承ながら国立の中学に進学することになってしまいました。私一人が国立の中学に行くことになり、仲間はみんな新設の中学に行くことになりました。結果的に私は「裏切者」の汚名を着せられることになったのです。

子供心に何ともやるせない思いがありました。そのため中学では、そんな思いを振り払うように勉強よりもスポーツをがむしゃらにやった記憶があります。

しかし、サッカーの試合となると、小学校時代の仲間と顔を合わせなければならず、ときには対戦相手となることもあり、何とも居心地の悪い思いをし、そのため力が入りませんでした。

今考えても、当時の私の選択は間違っていたと思います。

国立中学からエスカレーターで高校に進学できたのですが、そんな思いがトラウマとなって、勉強はサラサラする気にもなれず、スポーツ三昧の日々でした。

本当に勉強しなかったために、高校三年のときに学校から登校を拒否されました。

授業中も後ろで寝ていたりしていたので、教師としても目障りでしょうがなかったのでしょう。「邪魔なので学校に来るな。その代わり単位はやる」という、今では考えられない処遇でした。

今、改めて考えると、私という人間は、子供の頃から敷かれた人生を歩むということが、どうにも性に合っていなかったようです。

とにかく「これをしていれば生涯安泰」という生き方が気に食わなかったのです。

そんな性の人間が、親の言われるままに、いわば敷かれたレールに乗って中学、高校と進んでしまった自分が一番許せなかったのではないかと思います。

子供の頃から「学校の先生の子供だから、さぞ優秀なのでしょう」という声が耳に入っていました。それは、内心、嫌で嫌でたまりませんでした。

しかも進学校に進んでしまったものですから、なお一層、類似した言葉が耳に入ります。それで、一層、世の中を斜に見るようになったのかもしれません。

こんな若かりし頃の体験が、私の性格の基層を形成しているのでしょう。今日にいたるまで、常に心掛けていることは、「三歳児の思考」を持つことを大切にしているのです。

幼稚になれということではありません。

三歳児は考えに制限がありません。社会の不条理なルールに縛られることもなく、自由な発想で、自由に生きていられます。どんなときも自分の興味あるものに全身全霊で向き合って、思う存分知恵と力を注ぎ込みます。そしてエネルギーが尽きれば、そのまま寝てしまう大らかさです。

このような三歳児の思考は、私の理想とするところです。

大人になると、物事がわかり世間体というものを身につけ、妙に小利口になり、利害を計算して行動するようになり、自分で自分を縛るようになってきます。

安定や安全を求めてしまいます。そうなると人間としての成長がなくなります。

損得ではなく、自分が本当にやりたいことをやっていく。責任感や義務感などというものを持つことなく、自らの限界を突破していきます。

三歳児の行動を見てください。何事にも集中して一生懸命やっていますが、エネルギーが切れると、その場にバタッと倒れて寝てしまいます。

このような姿が私の理想となったのです。

——明治の精神を学ぶ

私が物心ついた頃から旅館をやっていたおばあさんに大変可愛がられました。このおばあさんの生き方に、私は大変影響を受けています。

旅館といっても、観光客を泊めるような旅館ではなく、いわゆる商人宿のような常連さんが気兼ねなく泊まれるような旅館でした。

普通、旅館の女将さんというと、「おもてなしの心」でお客様を第一に気遣い、お客様が気持ちよく宿泊していただけるよう振る舞うというものです。ところが私のおばあさんは、その真反対だったのです。

とにかく、旅館の女将のくせに、お客様に対して威張っているのです。まるで大岡越前様みたいに、家族やお客様の別なく、とにかく偉そうに振舞っていました。

子供心にも「ばあちゃん、すごいな」と思ったのは、宿泊しているお客様に対しても、「こっちは手がないんだから、あんたが運べ」とアゴで使っていたことです。

「行商人」という職業が存在した時代です。

今の若い人は知らないと思いますが、「富山の薬売り」といって、置き薬を行商している人たちがいました。そのシステムが独特で、各家庭に薬の入った薬箱を置いていき、一定期間で回ってきては、使った薬の分だけ精算するという商売です。

それを生業にしている商人が日本全国を回っているのですが、おばあさんの旅館を定宿として長逗留していました。

また、中国電力の関係者や電気工事の人たちが長く泊まっていたのを憶えています。年に何回かは、球技などの県大会があると、他地区からチームが団体で泊まりに来ることもありました。

さらに、近所の学生が、朝昼晩の三食を食べに来る食堂の役割もしていました。

旅館は、昭和29年から始めていたのですが、その当時から平成5年に廃業するまで、宿泊料は３５００円で、変わっていないのです。開業当初の３５００円といったら、高級旅館並みの料金です。なぜ、こんな高い料金設定をしたかというと、この旅館の収入で子供たちを大学までやるため、ということでした。

この理由付けからいっても、いかにおばあさんが自己中の人であるかがわかります。

それでも地元の人や、定宿《じょうやど》にしてくれていた人たちがいたのは、おばあさんが日頃から「子供を世の中の役に立つような人間に育てるためにこの仕事をしている」と唱えていたからで、そのおばあさんの思いに賛同してくれたからこそ、当時としては割高な宿泊費を払ってでも旅館を愛顧してくれていたのでしょう。

私の兄弟は、男ばかりでしたので、おばあさんは、「**男として生まれたからには、世の中の役に立つ人間にならなければならない**」という訓導を私は幼少の頃より、みっちりと叩き込まれました。


この旅館は平成5年まで営業していましたが、創業から3500円という料金を変えていませんでした。それで、朝昼晩の三食付きですので、創業当時は高級旅館並みの料金でしたが、さすがにこの頃は、赤字です。しかも、学生には三食1000円で食べさせていたのですから、大赤字もいいとこです。しかし、おばあさんは、頑《がん》として料金の値上げを行いませんでした。

儲けるとか、私利私欲のためにやっていたのではなく、学生に格安で食べさせていたのも、**「世の中の役に立つ人間になってほしい」**との願いが込められていたからでしょう。

おばあさんは、ただ威張っているだけではありませんでした。

多くの人が、おばあさんの知恵を借りるために、ときには遠方から相談に来る人もいたくらいです。もちろん、近所の人たちは何か困ったことがあると、おばあさんのところに相談に来るのです。

その相談している様子は、今でもはっきり覚えています。

相談に来る人は、誰もが土間の下にいて、おばあさんは土間の上で椅子に座って、相談を聞いています。まるで、大岡越前の裁きのような光景です。

私は、こんな環境で子供時代を過ごしています。

このおばあさんの影響は、自然と身についているようです。今、私が若い人を集めて、セミナーなり、講演なりをしているのも、この幼い頃のおばあさんの影響があったからだと思います。

迷いのある若い塾生が私のもとに相談に来ます。私は、来た塾生をひたすら叱ります。

それは、彼らが成長して、世のため人のために役立つ人間になってもらいたいとの一心で行っています。叱られている彼らも私の思いをわかってくれているのでしょう。叱られてもめげずに私のもとに集まってくるのです。

このおばあさんの最期は見事なものでした。

お正月に親類一同が集まり、おばあさんの話を聞いて、三が日を過ごします。そのときも、やはり、一番偉そうにしていました。

その後、お客様が病気ということで、お見舞いに行ってから、お風呂に入りました。おばあさんはいつも一番風呂に入るのです。それは威張っているから一番風呂に入るのではないのです。一番風呂は塩素が強いので、それを自分が浴びることで、後から入る人は柔らかいお湯になっているのを楽しめる、というためなのです。

その日もいつものように一番風呂に入って、塩素をたっぷりと浴びた後、倒れてしまいました。風呂場で倒れているおばあさんを見つけてくれたのは、泊りのお客様でした。

その日、私は東京にいて、おばあさんの訃報を聞きました。しかし、当初は、いったい何を言っているのか、皆目見当がつきませんでした。なぜなら、その日の朝まで、私はおばあさんにビジネスのレクチャーを受けていたのですから。亡くなったということが信じられませんでした。

まさしく大往生。ピンピンコロリのお手本のような最期でした。

そんな環境で育っていますので、私は同世代の人間とは合いませんでした。さりとて、親父の世代とも合いません。いったい自分は何なのだ、と思うことがあります。

私の思考の骨格を形成しているのは、おばあさんに植え付けられた価値観、すなわち明治の人の考え方のようなのです。

おばあさんがよく話してくれたのは、明治を創ってきた人たちの体験談、明治時代を築いてきた人たちのこと、明治の男たちは、このように考え、行動したということを山ほど聞かされてきました。日本の男はかくあるべし、ということを叩き込まれてきました。

私は、確かに昭和、平成、令和の時代を生きていますが、その根底には、激動の明治の男たちの生きざまが連綿と引き継がれているのです。

おばあさんが口癖のように言っていたことは、「今の若い人たちは、日本人の心を失っている」ということでした。そんな苦言をしょっちゅう聞かされていました。

この「若い人」というのは、私の世代ではありません。私の親父の世代のことなのです。おばあさんからしたら、大東亜戦争を幼少時代に経験した人たちを「若い人」と言っているのです。

おばあさんは明治40年生まれです。両親は学校の先生でしたので、実際に私を育ててくれた子守りのおばあさんも明治40年生まれです。

私が上京して、初めて東京で下宿したところの大家さんも明治40年生まれでした。

このように私は、明治生まれに囲まれて育ったといってもいいかもしれません。


私は男二人兄弟ですが、弟は長男の私とはまったく違うタイプです。

昔は、長男は一家の跡取りという考えが根強くありました。子供の頃から、一家を担っていくのだ、という責任のようなものを無意識に感じていたのかもしれません。

このような慣習からいうと次男は違います。次男はやがて家から出ていくので、家の重圧は感じないでしょう。同じ環境で育っても、長男と次男では決定的に違うのです。

長男は大事に育てられる反面、厳しく育てられます。それで知らず知らずのうちに長男としての自覚が育ってくるのでしょう。

当時の子供は誰もが半袖半ズボンで1年中を過ごしていました。

私も例にもれず半袖半ズボンでしたが、よく風邪をひきました。ところが弟は、同じ格好をしていましたが、まったく風邪をひいたことがありません。そんな弟の姿を見て、私は一念発起して、冬場に裸で走り回って、体を鍛えました。そのおかげか、中学に進んだ頃には、冬場でもまったく風邪をひかなくなりました。

今でも、そのときの精神は生きていて、頑固に信念を貫いています。

27歳から今日まで、毎朝、水を被る習慣を続けているのです。冬場で、どんなに凍えるような寒い朝でも、水を被ります。極寒のアラスカに行ったときも、朝は水風呂に入っても、全然平気でした。

私は、以前からやっていた「林塾」の時代から、「**どんな時代になろうとも、どんなところにいようとも生きていける男を作る**」をモットーにしています。

そのため、今でも多くの若い塾生たちにはいろいろな体験をさせています。

知識だけの頭でっかちにならないように、「**体で学ぶ**」ことを第一にしています。

現代の若者は、ネットやＳＮＳの発達で、簡単に情報が手に入ります。そこで得た知識ばかりが先行して、頭でっかちになっていることを危惧しています。これでは真の知識が身についていないのです。

だからフェイクニュースやさまざまな陰謀論を信じて人生を誤ったり、ウィキペディアが真実だと容易に信じ込んでしまったりするのです。情報過多の現代において、玉石混淆《ぎょくせきこんこう》の情報から玉を掴むのは容易ではありません。

自分の目で見て、自分が体験した知識や情報ほど信じられるものはありません。これこそが真の知識と呼べるものなのです。

このような時代背景だからこそ、私どもの「志誠塾」では、今の若者に明治の精神を叩き込んでいるのです。

——私の学生時代

私の高校時代は、とにかくスポーツに熱中していて、勉強はまったくといっていいほどしていませんでした。当然、入れる大学はないだろうと覚悟はしていました。

スポーツは万能でしたので、体育学科の推薦という話はありましたが、体育の先生は、自分には合わないだろうと思っていました。

実は、親戚のおじさんが体育の先生をしていました。しかし、五十代になって体育の教師を続けるのは、至難の業です。体力はがっくり落ち、若い学生と比べるのが悲しくなるほどでした。「ああしろ、こうしろ」という指示はできるでしょうが、一緒に体を動かしていくだけの体力はない分、いかにもみじめな感じです。

ところが今、私は六十代ですが、若い人たちには負けない体力を維持していますので、私だったら五十代でも務まらないことはない、という自信はあります。しかし、とくに体育の教師には魅力を感じていませんでしたので、体育学科の推薦のある大学は受験しませんでした。

当然のこととして、現役で受験した大学はすべて落ちました。1年浪人して、三つの大学を受けましたが、これもものの見事に全部落ちました。

浪人したうえに、すべて落ちてしまったので、「大学はもういいや」とあきらめて、上京することにしました。

アルバイト生活を続けながら、翌々年、再び大学受験に挑みました。このときは、さすがに3年間のみじめな体験がありますから、合格可能なレベルまで受験校のランクを落として受けることにしました。大学のランクとしては、決して自慢できるような学校ではありませんでしたが、受けた大学はすべて合格しました。

同級生たちから遅れること3年で、ようやく大学の門をくぐることができました。大学に入学したものの、仕送りがあるわけでもありませんので、アルバイトでしのがなければなりません。授業料は親に出してもらいましたが、生活費は自分で確保しなければなりませんでした。そのため、大学生活とは別に、いくつかアルバイトをして生計を立てることとなりました。

アルバイト先は中小企業が多かったのですが、仕事はその会社の社長の傍《かたわ》らですることが多かったので、社長が何をやり、何を考えているのかが学生ながらも理解できました。

中小企業の社長さんが、どのような問題に取り組んでいるのか、肌身で感じることができました。そこで、私が社長の役に立つために自分には何ができるだろうか、とよく考えていました。

そんな経験から、将来は「経営コンサルタントになりたい」と漠然と考えるようになったのです。

──私の新卒営業部員時代

私が就職活動をしている頃は、まだ「経営コンサルタント」という仕事はあまりなく、面接に行った会社もあまりピンときませんでした。

そのなかで、コンピュータ関係の会社が将来性もあると思い入社を決め、ソフトウェアの営業の仕事をすることになりました。

当時は、まだパソコンというものは一般的には普及しておらず、いわゆるオフコン（オフィスコンピュータ）の時代でした。「ロータス１２３」などの計算ソフトや「一太郎」というテキストエディタを使っていた時代です。

ですから、そもそも世の中に「ソフトウェアの営業」などという概念がない時代だったのです。

そのため会社として営業を採用しようと方針が初めて立てられて、私はその会社の営業の第一期生として選ばれました。私は昔から、この「第一期生」という言葉が好きでした。人がまだやったことのないことをやる、というのが好きだったのです。

第一期生として入社したものの、当然のこととして教育のシステムもなければ、教える先生もいません。そのため現場で覚えるしかありません。営業先のお客様が先生です。

今でも苦い経験としての記憶が鮮明にあります。

何しろ、私の人生の中で、これほど参った経験はありませんでした。コンピュータに触ったこともない人間が、プログラミングを学ぼうというのです。とにかく何を言っているのか、さっぱり頭に入ってきません。

その時代のコンピュータ言語というのは、英語ならまだしも、1と0だけのプログラム言語でしたので、まったく理解できませんでした。

日本語で話されているはずなのに、さっぱり頭には入ってきませんでした。こんな体たらくですから、新人133人の中で、ぶっちぎりのビリが私でした。しかも132位と私との間には、途方もない距離があったことを正直に申し上げましょう。

私はそれまで多様なアルバイトの経験があります。物覚えも人より早いという自信もあります。どんな種類の仕事でもいち早く適応して、戦力となる経験は数多くしています。

しかし、コンピュータというジャンルだけは別です。まさしく別世界の領域なのです。私の人生の中で、これほど太刀打ちできなかったのは、これが唯一の経験です。まったく歯が立ちませんでした。

文系の学校でろくにコンピュータに触ったこともない人間が、専門学校や理系の大学院を出て、ある程度コンピュータを扱ってきた人間と渡り合おうというのが、大きな間違いだったのでしょう。

ですが、私は要領は良かったので、できる人間を捕まえては、「ちょっと教えて！」と言って、手伝ってもらっていました。

将来、コンサルタントの仕事をしようと考えていましたので、この新人3か月の研修は、いい経験になりました。

研修では苦労しましたが、実務に入ると使う知識は決まっているので、それを憶えてしまえば、大変なことはありませんでした。また、いかに歯が立たないコンピュータでも、毎日触っていると、だんだんわかってくるものです。

そうして、最初に配属されたのが、日興証券のシステム部門でした。

ここは可愛い女の子が多いので、それだけでそこに行くモチベーションが上がります。単純なもので、それだけでハッピーな気分で仕事をすることができました。

──独立を考える

このような社会人生活を送りながら25歳の頃、ひそかに独立を志しました。

まず、起業するには資金が必要です。そこで、都市銀行13行を回って、自分にどれだけ融資が得られるか話を聞きに行きました。

実績もなく、担保物件もなく、保証人もいない。今になって考えてみると、よくこれでお金を借りに銀行に「融資してくれ」と言いに行ったものです。

いずれの銀行も、「企業との業務提携か、親の連帯保証があれば、融資はできます」との回答でした。

当時、親はまだ五十代で、教師として現役でしたから、その連帯保証がもらえれば、融資は可能だということはわかっていました。しかし、親に頼りたくはありません。そこで、担保物件を確保すべく、不動産を取得することにターゲットを絞りました。

しかし、不動産会社を回るにしても、頭金ゼロ、年収３４０万円、親の保証なし、という悪条件では、話のテーブルにつくこと自体が困難です。誰も相手にしてくれないのは、火を見るよりも明らかです。

ところが一人だけ、相手にしてくれた営業マンと出会うことができました。

話はトントンと進み、大宮の33平米、狭小の２ＤＫの物件を契約することができました。当時、大宮の地価は、これから値上がりするだろうと目論んでいました。

しかし、住宅ローンの金利は、年８・33パーセント、５年ステップローンという、今なら犯罪といえるような条件の契約でした。

毎月の支払は、10万１０００円。内訳は、元本１０００円、金利10万円でした。

月給の手取りが14万円でしたから、家賃を払ってしまえば、手元に残るお金はわずかです。食費に回すお金も微々たるものですから、どうやって食べていくか考えなければなりません。そこで、給料が入ったら、まず10キロの米を買い、ご飯だけの弁当を作ります。

そしてお昼時になると、同僚の女性社員の席を、弁当箱を持って回るのです。そして「嫌いなおかずがあるだろう」と声をかけるのです。

自慢できる話ではありません、生きる知恵ですね。しまいには、私の哀れな姿に何か感じるものがあったのか、私のためにお弁当を作ってくれる女の子まで現れました。お金はまったくなくても、自分がみじめだと思ったことはまったくありませんでした。


当時、世の中はバブル経済の真っ最中。日本人の経済感覚は完全に狂っている世の中でした。同僚の女の子たちは、タクシーを使って遊び回っていました。

私は金のない営業マンでしたから、「バブル経済は、どこの世界の話だ」とばかり、ただ仕事に励むだけでした。

平成元年（１９８９年）に初めて購入した大宮の不動産は、２０２１年に売却しました。バブル時代の最も高い時期に購入していますから、売却した金額は、購入金額の４分の１程度の価格でした。

―私の投資体験

社会人になってから投資について興味を持ち、いろいろとやってきました。ボーナスをもらって、全額をつぎ込んだこともあります。

まず、25歳で初めてボーナスをもらったとき、その全額を新宿御苑の駅のホームでバラまきました。何をばかなことを、と思われるかもしれませんが、これにはそれ相当の訳があるのです。

当時、上司や先輩にいつも飲みにつれて行ってもらいました。その頃からお酒は強いほうで、最低でも一升は軽く飲んでいました。

飲みに行くときは、たいてい上司や先輩のおごりですから、日頃から遠慮なく飲んでいる私が面白くなかったのでしょう。いつも、いつも、上司や先輩が決まっていうことがあります。

「お前はいつも、食べるにも、飲むにも遠慮というものを知らないな」

それが、また、たまたまボーナスをもらった日に言われたものですから、頭の中で何かがはじけたようでした。

「それじゃ、お返ししますよ！」

そう言って、もらったばかりのボーナス全額12万円を花吹雪のようにプラットフォームに放り投げてしまいました。

言った先輩が、その光景に呆然と立ち尽くしていたのを、ついこの間のことのように覚えています。


会社員時代の私は、ボーナスを20万円ほどもらえると、これを元手に何かビジネスをしたいと思いました。ボーナスについては、なぜか投資の血が騒ぐというか、ビジネスの元手にするという発想になってしまうようです。

ビジネス関連の本を読み漁り、これだ、と思ったのがコインゲームでした。

当時の喫茶店や居酒屋のテーブルによく置いてあったルーレット式のおみくじ機械のことです。そのゲーム版があったので、20万円全額で購入し、お店に置いてもらいました。

これで、さぞかしジャンジャンお金が入ってくることを夢想していました。

そして、2、3か月経ってから店に行って驚きました。

この数か月でブームは終わりを告げ、もはやゲームは飽きられてしまい、誰も見向きもしなくなって、ゲームは店の隅に追いやられていたのです。

結局投資した20万円は、わずか4万円を回収するにとどまりました。

一度ぐらいの失敗なんてなんのそのです。次に目をつけたのは、当時はまだ一般的ではなかった「コインロッカービジネス」でした。

1台4段のコインロッカーを2台セット、合計8台を20万円で購入し、駅に設置してもらいました。

これは相当儲かるだろうと自信を持っていました。自分は何と目のつけどころがいいのだろうと、半ば有頂天になっていました。

意気揚々として駅に向かい、お金を回収すると、1万7000円ほどになりました。

1か月で1万7000円は悪い数字ではありません。この調子で1年も続けば、20万円を回収するのも夢ではありません。翌年になれば、売り上げは全部利益です。私の夢は膨らむばかりでした。

翌月、期待を胸に回収に向かうと、何とコインロッカーが何者かによって壊されていたのです。おそらく酔っ払いが、酔った勢いでロッカーをボコボコにしたのでしょう。

ボーナス全額を購入代金に充ててしまっていたので、保険に入ることもできませんでした。1台壊れてしまうとコインロッカーはすべて使えなくなってしまうので、私の夢は儚く終わりを告げました。私の次の投資も、わずか1か月で失敗に終わったのです。

過去2回の投資の結果は思わしくないものでした。何がいけなかったのかを子細に検討して、これは自分が何もしないで、ただ待っているというスタイルがよくなかったのではないか、と結論づけました。

今度は、自分が自ら動き回って、営業しようとの方針を立てました。

次に私が目をつけたのは、傘と洗剤でした。

傘は、今でいうビニール傘のようなもので、今なら100円、200円という安価で手に入りますが、当時は1本1000円くらいの高級品でした。このビニール傘と洗剤を20万円分仕入れました。これを団地にチラシを配って宣伝すれば、注文は殺到するに違いないと目論みました。

そして、これらの商品のチラシを団地にポスティングして、反響を待ちました。しかし、電話はチンとも鳴りません。結局、どちらも一つも売れませんでした。売れ残りは、手元にはおいておけないので、親戚にプレゼントしました。今度も大失敗でした。

3回のビジネスチャレンジの後、「やっぱり不動産だ」と、26歳にして、不動産めぐりと相成るのです。

過去3回の投資は、ピンとひらめいて始めたのですが、いずれも失敗に終わりました。確かに失敗はしたのですが、挫折ではありません。何かしらの投資をして、良い勉強をさせてもらった、という思いしかありません。

これは常に、昔から今でも変わらない私の考え方です。自分で考え、計画を立てて実行に移す。このような体験によって失敗しても得るものは必ずあります。失敗を笑い話にすればいいのです。

成功体験というのは、いささか自慢話めいていて、聞いている人の鼻につくことがありますが、失敗話というのは誰もが笑ってくれます。まず、若いときはそれでいいのです。実践したことが後の自分の行動に役立つことがあるのです。

今考えれば、まったく無茶苦茶なことをやっていたな、と思いますが、何もない状態で東京に出てきて、入れる学校もなく、こんな無茶な選択肢以外なかったのです。

別にヤンチャをしていたわけではありませんが、普通に大学に入って、普通に就職すればいいものを、そのような決まりきった生き方を選ばなかったのは、「親不孝」と言われても返す言葉もありません。

しかし、親やおばあさんから言われていた「世のため、人のためになることをしなさい」ということは、魂に焼き付いているので一貫して守ってきた自負はあります。

その後の私の人生で、若い頃の恩は返せたと思っています。

第二章

私の ビジネス哲学

——破天荒なビジネスマン

最初に就職した会社での出来事です。

私はとても暑がりです。夏になると、長袖のワイシャツを腕まくりして仕事をしていました。

ある日、当時の課長とエレベーターで乗り合わせたときのことです。

課長は私の風体を見ると、「ビジネスマンたる者、ワイシャツを腕まくりしてはいけない」と注意を受けました。

私は「わかりました」と言って、課長の目の前で、自分のワイシャツを肩から思い切り破り、袖なしのワイシャツにしてしまいました。

課長が驚く顔をよそに「すみません。私は暑がりなので、腕まくりしてしまいました。今後は一切長袖のワイシャツは着ないようにいたします」と言い放ちました。今、考えるとバカみたいな話です。

昔は、こんなふうに、おおいに突っ張っていたのです。人に対して迎合するという気はもともとありません。ですから自分は、社会人としては不適合、という自覚はあります。

でも、世の中にこういう変わった人間がいても面白いのではないかと思っています。


また当時、上司に軟禁されたことがあります。

その頃、私は営業部に配属されていましたが、残業を何時間やろうが、残業代が一切支給されません。しかし、現場の人間には残業代が支給されるのです。

彼らは残業代が出るので、給与の手取りが50万円くらいになります。ところが、私は基本給だけですから、手取りで14万円にしかなりません。

通常の就業時間は160時間。それに対して残業時間は240時間もありました。現在では、残業80時間で「過労死レベル」といわれていますから、とんでもない数字です。

しかし、残業代は1円たりとも出ないのです。当然、おかしいと思います。

上司にそのことを訴えました。しかし、上司にしてみれば、私は会社に盾突いているように見えるらしいのです。

そこで、上司から「頭を冷やせ」と言わんばかりに、反省を強いられました。

金曜日に会社の地下2階にある部屋に閉じ込められ、そのまま月曜日までその状態が続きます。月曜日に上司が顔を出し、「どうだ、懲りただろう」と言われました。しかし、私は何を反省しなければならないのか、理由がわかりません。まして、この部屋にはトイレもある。水もある。人間2、3日食事をとらなくても死ぬことはありません。

さらに、部屋を出ようと思えば、ドアを壊して出ていけばいいだけなのです。こんなことで、私が懲りるわけがありません。だから、上司には「申し訳ないですが、人を見てからやったほうがいいですよ」と言って、平然としていました。上司があきれた顔をしていたのを今でも覚えています。

当時、私は入社して2年目で、それなりの成績を上げていました。ところが、例の上司からは最低の査定に下げられたのです。ボーナスの査定は最低で、一般事務の女性と同じにされました。明らかに業務の成績に対する査定ではなく、個人的な感情的な査定です。

これには後日談があります。

この程度で、私が反省などするわけがありません。

おかしなものはおかしいのです。一度疑問を持ったら徹底的にやってみなければ気がすみません。そこで、上司よりもさらにうえの常務に直談判に行きました。

すると翌月、例の上司は左遷されてしまいました。

左遷を命じた常務は、私の話をきちんと聞いてくれました。そして査定結果を説明すると、「それはおかしい」とすぐに理解してくれました。

その常務とは、私が会社を辞めた後も交流があり、今日まで30数年もの間、可愛がっていただいています。

―リクルートの営業時代

私は転職して、江副浩正《えぞえひろまさ》社長率いるリクルートグループに転職しました。

リクルートでは江副社長が教育学部の心理学科卒のこともあって、当時、海外で流行っていた最先端の心理学理論を応用したコミュニケーション技術をどんどん導入し、社内研修が充実していました。

新しいビジネスアプローチやコミュニケーションの知識など、目新しい知識を吸収できたことは私にとって大きな収穫でもあり、後の営業にも役立っていると思います。

けれども、私の根っからの性格は、どうも変えようがなかったようです。

次期支社長が内々の決定事項で、新宿に異動になりました。私はそれが気に食わないので、辞めると何度も幹部に話していましたが、聞き入れてもらえず、悩んでいました。

そこに、いかにもヤンキーぽい新人が入ってきました。聞けば、若いときに千葉の暴走族で頭を張っていたというのです。

早稲田大学を出てリクルートの私が所属する部署に来たのですから、それなりに優秀な人物でした。ただし、時折、昔のクセが出て、あるとき、「社の中で一番酒が強いのは誰か」と言ってきました。自分と勝負しろ、というわけです。

そう言われると、私の血が騒ぎます。面白いと、この勝負を買って出たのです。

新橋の居酒屋で、部下を介添え人にして、彼とサシで勝負です。300ミリリットル瓶の冷酒を注文し、それを双方の150ミリリットルのコップに注ぎ、お互いに飲み続けるのです。無制限一本勝負。どちらかが音を上げるまでの勝負です。

一杯飲むごとに、相手の顔にビンタを食らわせます。ビンタの衝撃で酔いが早く回るようにするためです。私たちを取り囲んだ観客は、その壮絶さに息を飲んでいました。

この勝負は1時間ほどかかり、二人で18本の瓶を空けました。一人あたり2700ミリリットル、ほぼ3リットルの冷酒を飲んだことになります。

もちろん、この勝負は私が勝ちました。酔いつぶれた彼を残して、洋々と店を立ち去ったのです。そこまでは良かったのですが、山手線に乗り、新宿駅のホームに降り立ったところで、それから後の記憶はおぼろげなのです。

ふっと気づいたのは確か、救急車の中だったような気がします。次に意識が戻ったのは、なんと病院のベッドの上でした。

後から人に聞いてわかったのですが、酔ってホームから転落して、危うく電車に轢かれそうになる大事件だったそうです。

電車が来る前に善意の人たちに引き上げられましたが、間一髪のところで助かったということでした。私がホームから転落した証拠に、額を切り、肋骨を見事に骨折していました。ホームからそのまま落ちて、二本の線路にそれぞれ額と肋骨を打ちつけたのです。

本来ならしばらく安静にしていなければならないのですが、翌朝、プライドがありますから、無理やり退院して、打撲で悲鳴を上げている身体を引きずって出社しました。

生涯初めての37分の遅刻でした。

それから数年後のことです。

新大久保の駅で転落した人を救おうとした、正義感の強い韓国人の青年とカメラマンが電車に轢かれるという不幸な事件が起きました。映画にもなったので、ご存じの方もおられると思いますが、改めて、とんでもないことをしでかしたのだと反省しきりでした。

彼らの運命を私が引き受けていたかもしれなかったのです。あのとき、死んでいてもおかしくないと、ぞっとしました。

―ソニー生命での仕事始め

次の職場は、ソニー生命でした。

4月1日にソニー生命に入社したものの、新人なら当然受けるべき新人研修を受けていません。新人研修に参加できないばかりか、その後、何日も出社できないでいました。

前職のリクルートでの引継ぎが完了しておらず、それを行っていたからです。

なぜか今までにも転職するたびにぎりぎりまでやめられません。今回も、リクルートがすんなり私をやめさせてくれませんでした。

私が八重洲支社から新宿支社に移るときには、私はすでに辞める決心をしていました。それは、新設支社の支社長を拝命する予定になっていたからです。支社長になれば、現場を離れざるを得ず、そうなれば顧客との接点が薄くなってしまい、それは私の本来やりたいことではないからです。

普通なら、支社長になるというのは、栄転ですから、喜ぶはずです。少なくとも会社はそのように考え、私が喜んで受けると思っていたようです。しかし、現場主義の私としては、不本意なことになります。

会社としては何とかして私を引き留めようとして、慰留しました。しかも「お前はこれから支社長になるのだから」と勝手にレールを敷いたうえで、かん口令を引いていたので、誰も私が辞めることは知りませんでした。

どうにも埒《らち》があかないので、最後は私が啖呵《たんか》を切って、辞めることとなったのです。

そのためにソニー生命に入社したものの、新人研修も受けられず、しばらく出社もできず、リクルートで引継ぎを行っていたという、前代未聞の出来事となったのです。

——評判は実績が作る

私はソニー生命では新人研修も受けないまま、新しい仕事に突き進むことになります。右も左もわからぬまま、自分のやり方で結果を出せるように必死に業務に取り組んだことはいうまでもありません。

入社4か月後に行われた、東西に分かれての研修では、東の営業成績トップとして参加しました。ところがここで大きな問題が発生しました。

研修の場において、営業成績トップの者として、みなの模範になるべくロールプレイの見本として壇上に立つように言われたのです。

そこでいつもの私流の営業スタイルを披露したところ、「それは研修で教えたことと違う」と講師からクレームが入りました。

それはそうです。私は新人研修を受けていないのですから、ソニー生命の営業スタイルなど知るわけがありません。

私は実際にトップの成績を上げているのですから、講師の営業テクニックなど、わざわざやる必要などないはずです。

気色ばむ講師に対して「そんな売れないテクニックなど、いくらやっても意味がない」と啖呵を切って、研修会場を後にしてそのまま帰ってしまいました。

しかし、私には少しも悪気はないので、夜の懇親会の場には自宅からすぐだったので、バイクで駆けつけて、みなと一緒に楽しく杯を交わし、そのまま宿泊しました。

それ以降、ソニー生命の社内にあっては、研修講師の手前もあったのでしょうが、私の営業テクニックには一切触れないように、一種のタブー扱いでした。

社内では「変わり者」との評価でしかありませんでしたが、ビジネス業界では私の盛名は高まるばかりでした。そのうえ、最新のコミュニケーションの技術を取り入れた10年先の営業テクニックとして書籍にまとめて出版までしていました。

そんな私の目から見て、ソニー生命が伝えたいのは、ライフプランナーとしての本質であり、顧客の人生設計を真剣に提案するというもので、営業テクニックではないのです。

そこで私も、ソニー生命では、営業テクニックを一切排除して、顧客に寄り添いながらライフプランナーとしての最大限のサポートを提供するというスタイルを形成していったのです。それがさらに私の実績を上げることにも繋がっていったのだと思うのです。

どの組織においても、私の評価は、当初は「変わり者」と呼ばれます。しかし、実績を上げ続けていけば、そのうちに特別視されるようになり、「あの人しかできない」と評価は変わります。さらには、私を変わり者と呼んでいた人までが、「俺は、あいつがこうなると思っていたよ」とかつての評価を変え、称賛するようになるのです。

実績を上げていけば、人の見る目は変わります。逆にどんな立派なことを言っても、それが実績を伴わなければ、所詮口先だけとの厳しい評価が下るだけなのです。

現在の私の会社は、ソニー時代のコンサルティング事業で培った人脈とノウハウによって、順調にビジネス展開をしています。当時、組んだ人たちとも、今でも一緒にクライアントである会社さんと良好な結びつきで成り立っています。

―女房のこと

女房とは、私が19歳の頃から付き合いはじめ、それからずっと一緒にいます。

結婚してから33年、出会ってから41年もの間、ともに過ごしてきました。

私が数々の挑戦をしていても、傍にいて何も言いませんでした。何か言っても私は耳をかさないだろうことは、とっくに承知していたのでしょう。十分、私の気性をわかっているのだと思います。

しかし、たった一度だけ意見を言われたことがあります。

ソニー生命に入社して4か月目、収入が思ったほど上がらないことがありました。これは、私が給料体系の仕組みを理解していなかったことが原因でした。

入社して3か月は固定給でした。そして、4か月目から売れば売るだけ報酬につながると勝手に思い込んでいたのです。女房にもそのように説明していました。

当時、住宅ローンを8500万円で組んでおり、毎月の支払いは37万円でした。

ソニー生命入社時の固定給は、手取りで26万円でしたが、最初の3か月を乗り切れば、バンバン契約を決めて、仕事の報酬は毎月100万円くらいにはなるだろうと、高を括っていたのです。

ところが、4か月目の給与の額面は、2万円しか上がっていないのです。さすがの女房も心配しました。

そこで、私が改めて給料体系について理解し、そのように説明したところ、元来が楽観的な女房は納得してくれました。しかし、組織の給料体系は変わるはずもなく、結局、900万円あった貯金は、2年間でマイナス300万円になってしまいました。

私のリクルート時代は、年齢の割に収入も良かったのですが、ソニー生命に移って、収入は半減したということになります。

1年目の年収は、490万円に過ぎませんでした。2年目の年収は、1200万円と倍増しましたが、使うお金のほうが多かったので、採算が合うはずがありません。

しかし、3年目以降は、顧客が増えれば増えるだけ報酬は上がっていくようになりましたので、収入も倍ほどになりました。

傍からみれば、順調にいっているように見えたかもしれませんが、失敗もたくさんあり、ビジネスではそう簡単に、勝利の女神は微笑んでくれないようです。

――挫折の日々

ソニー生命に入って2年目に、私は突然、言語障害に陥りました。

原因は、簡単にいうと、私がこれまでクライアントへの正しい説明だと思っていたことが、実はそうではなかったと気づいたからなのです。資本主義社会の巧妙な仕組み同様の日本の保険会社のシステムを目の前にして、愕然としてしまったからなのかもしれません。

2か月間、言葉をまったく発することができなくなりました。そうなれば営業活動は不可能です。売り上げがどうとかいう以前に、人と会うことすらできなくなったのです。

それまでは、自信をもって仕事をしていました。誰の前でも堂々と同じことが言えるというのが私の強みでした。

そんな私がしゃべることができなくなってしまったのですから、言葉という巨大な壁に前途をふさがれたような感じでした。

もの心ついてからこれまで、病気らしい病気にはかかったことのない自分でした。

病院とも無縁の日々を送っていた私ですが、さすがに心配になって、生まれて初めて脳ドックなるものにも掛かりました。ＭＲＩで検査をしてもらいましたが、当然のごとく、異常は見られませんでした。

しゃべりはじめると頭が痛くなる以外、身体に不調があったわけではありません。今から思えば、精神的な原因だったのでしょうが、検査しても異常がなく、原因がわからないというのが、一種の恐怖ですらありました。

その2か月の間、営業の現場に出ることはせず、会社で寝転がって本を読んでいるだけでした。仕事の業績はすべて個人責任でしたから、誰も私のことを注意することもなく、気にする者もいませんでした。

私が言語障害になった理由を説明しましょう。

当時は、日本の保険会社が売っているものはすべて悪だと思っていましたから、この悪に染まった業界を変えなければならないという正義感の気持ちでいっぱいでした。

昔は、保険といえば職場を回って社員個人に保険に加入してもらう保険レディという色合いが強くありました。そのようななかでソニー生命は、きちんとコンサルティングの時間を取って保険のアドバイスを行うという革新的なものでした。

このように、保険に加入した人の一生涯を一緒になってサポートする、というライフプランニングの理念で世に広まっていったのです。

私は根っから徹底的に追究するのが好きな性格です。仕事でも余裕が出てきたので、自社の保険商品分析をしてみようと考えました。そして、他社の商品を分析したときに、ふとその仕組みに気づいてしまったのです。それで、自分がそれまでやってきたことに疑問が生まれてしまったのです。

業界を変えようと思っていた自分の足元が大きく崩れていくような感覚に襲われました。表には正義を振りかざしていたが、振り返ると自分のやっていることに矛盾を感じている。この二極化に引き裂かれていったのです。

内心はわかっていても、どうしてもそれを認めたくない自分もいて、それが知らぬ間に自分の心に過剰なストレスを与えていたのでしょう。

もちろんソニー生命が悪いわけではありません。私が思っていたことと実態に乖離《かいり》があったというだけです。だからこそ、大事なのは「商品」ではなく、「人」なのです。

はっきりいって商品はどこも大差はなく、その人の人生プランに必要な商品をきちんと紹介し、その人の人生、家族が安心して将来に希望を持てるようにサポートすることなのだと後に理解しました。

自分の人生を誰に任せたいか、という点が重要なのです。その点がまだよくわからなかったので、精神的なストレスを抱えてしまったのかもしれません。

――医者へのアプローチ17連敗

さて、それでは私の営業スタイルがわかるエピソードをご披露しましょう。

もっとも、失敗例のほうが読者のみなさんには参考になるかもしれません。

私のリクルート時代の営業例です。

会ってもらえない社長に対して、絶対に会っていただける方法を編み出しました。

とにかく日参して、そのたびに名刺に

「**参上。会っていただけるまで100回通います**」

と書いて、社長に渡していただくよう会社の方にお願いするのです。

今の時代では、こんな営業は珍しいでしょうが、何かしら人をつかむコツのようなものがあったのかもしれません。

リクルート時代は、いろいろな研修を受けました。前述しましたが、リクルートの創業者である江副浩正さんは東京大学で心理学を学ばれた方で、海外からあらゆる研修方法を仕入れては、心理学のテクノロジーを営業のノウハウとしてかなり取り入れていました。その時代、私はマネージャーでしたので、トレーナーとして社員みんなに最新の心理テクニックを教える立場でした。

例えばラポール（信頼関係）の取り方。会話の中での共感を得るにはどうすればいいのかなど、さまざまなテクニックを教えました。

そのようなことに長けている会社でしたから、対応能力や営業テクニックを磨くことはできました。

ソニー生命に入社したときに、決めたことがあります。

それは、リクルート時代に教わった営業テクニックは一切使わない、ということでした。それはひねくれて考えたことではありません。さまざまな営業テクニックを使えば、多く契約を預かることができるかもしれない。でも、それはクライアントの側から見ると別段何でもないことかもしれませんが、それで一生涯の仲間として長く認められるとは、とても思えないのです。私としては、ライフプランナーとして、クライアントとは人生をともにするような仲間という意識を持ちたいと思ったのです。

いまだに語り継がれている私の伝説を紹介しましょう。

それは、「医者へのアプローチ17連敗」というものです。

どんなにできない営業でも17連敗というのはありえません。

こちらからお断りしたものもありますが、営業はお付き合いが基本ですが、私はそんなことをするためだけにこの仕事をしているわけではありません。

医者は偉そうだといわれますが、私も結構偉そうにしていますから、お互い様かもしれません。

テクニックを使わないで営業するというのは、難しいことではありません。

難しく思うのは、会った人たち全員と契約しようと思うからです。自分に合った人とだけ契約するようにしていけばいいのです。

心理学的にいって、出会う人の4分の1は、必ず自分とウマが合う人だといわれます。

また、「大数の法則」というものがあります。これは人には誰でも営業し続ければ成約できる確率があります。ですから、**断られれば断られるほど、成約に近づいていることになります**。

これを知らない人は、断られ続けると落ち込みますが、この法則を知っている人は、断られるほど成約が近づいたと思えるのです。

なかなか契約が取れないと、自分には才能がないのかと悲観してしまいますが、この法則を知っていれば、契約が取れなくてもどうということはありません。

―ブランディング営業戦略

最初は、より多くの人と会うようにするのですが、成約が得られれば、今度はその方に紹介していただくことで、成約率はぐっと上がってきます。

保険の仕事というのは、単なる売買契約とは考えません。ライフプランナーとして、お客様と一生涯お付き合いするものです。ですから、売って終わり、契約して終わり、というものではないのです。

責任を持ってお客様と一生涯お付き合いをするのですから、生半可な気持ちではできません。そのためお客様とのお付き合いも慎重にならざるをえないのです。

例えば、Aさんは100人のお客様がいたら、100人のお客様と成約したいと言います。一方、Bさんは、100人のお客様がいても、成約は一人でいいよ、と言います。普通に考えれば、Aさんのほうがいいように思います。しかし、ここに落とし穴があるのです。

Bさんの対象が100人に1人、つまり1パーセントの成約率ということです。1パーセントといっても、よく考えてみれば、日本国民を対象とした場合、126万人になりますから、決して小さな数字ではありません。

人は、おおざっぱに4種類の性格に分けられるといいます。

自分もこの4種類のどれかに含まれますから、100人の4分の1で、25人の同じ性格のグループから紹介を受ければ、どんどん広がっていく、と考えたいところですが、実際にはどうしても合わない人や付き合っていくと辛くなってしまう人もいます。

25人にお会いして話をしますが、これから末長いお付き合いをしなければなりません。ずっと付き合うのはしんどい、という人は、外していけばいいのです。

そこで、この25人の中から5人を選びます。本当に相性がいい、一生付き合える人を5人に絞り込むのです。

そのためには、その人たちの前で、あえて自分を誇張してさらけ出して見せます。これは、絞り込みのための戦略です。それまでは、どちらかといえばフォーマルに接していたところを、カジュアルに切り替えてみるのです。

すると、それまではいい関係にあった人が、こちらが変わったので、相手も変わって敬遠したり、離れてしまう人が出てきます。こうして、25人から5人に絞り込みます。

そして、最後に5人の中から1人を選ばなければなりません。

それでは、どうするか。それには、オークション方式をとるのです。

5人の中で、自分に一番価値を見出してくれる人をこちらから選ぶのです。

ある意味、ずいぶん高飛車なやり方に思われる方もおられると思いますが、これはブランド戦略なのです。

この最後に残ったお客様というのは、ここまでして自分を評価して残ってくれていますから、相性はとてもいいのです。この方から紹介していただいた人は、まず間違いはありません。そのため、どんどん普及していきます。

こうしていいお客様がどんどん集まってきます。ご紹介者が全国どこからでも来るのです。これが、私がソニー生命時代に考えて、行動の指針にしたシステムなのです。

従来、営業というと、顧客を作り続けることになりますが、このシステムなら、自分を中心として、価値観の合った人の集まりになります。

通常考える、営業マンと顧客の関係ではなくなります。

私たち、ライフプランナーにとって最も困るのは、お付き合いさせていただいて、合わない人に合わせていくことです。エネルギーが消耗します。そのエネルギーを相性のいい方に振り向ければ、どれだけいいかわかりません。

いいお付き合いというのは、私にとっていい仕事をさせていただくことです。全力を挙げて、その方の人生を守っていくのです。

――信頼関係を築くために

そのためにも、会った人との信頼関係を構築しなければなりません。

信頼関係を築くためには、自分に魅力がなくてはなりません。情報やデータを頭に詰め込むことも必要ですが、自分がさまざまなリアルな体験から生の情報を伝えることがとても効果的になります。ですから、私もいろいろと行動を起こしました。

さまざまな場所に行ったり、さまざまな体験をしたりして、人ができないようなことを経験してそこから得られたものをお話しできるようにすることです。

実際に体験をするということは、本にも書いていない、ネットでも調べられない、本当の情報がたくさん手に入るということです。その情報力を持っていれば、後は、その情報を相手に合わせて、いかに加工するかということだけです。

自分が経験したことをただ単に話しても、それでは意味がありません。相手の価値観やものの捉え方に合わせて、その人が興味を持つように加工して話すことです。

情報力を持つためには、けっしてお金は惜しみません。

私は常々、「仕入れが大事」と断言しています。それが最終的にその人との信頼関係を構築できるなら、身銭はいくらでも切りました。

例えば、相手の人が俳優の竹之内豊さんを好きだったとしましょう。

どこが好きなのか聞くと、「渋さがいい」と答えたとします。

一般的に、人が誰かのファンになるということは、①ルックス、②内面性、③立ち居振る舞いの三つです。そして、ファンの人がどこを注目してファンになったのか、その情報を収集するべきなのです。

では、彼がその「渋さ」をどのように作ってきたのか、知りたいとは思わないでしょうか。もしも、事前にそのことを知っていたら、相手はあなたに対してかなり信頼を置くことになるはずです。

当然、竹之内豊さんがいかに渋さを身につけたかという事前情報を持っていなければなりません。そのうえで、若いときの彼と今では、まったく違った魅力がありますよね、と話を進めていきます。

彼はこれまでどんな経験をして、どんな苦悩があって、今の彼があるのか、と話を深めていきます。さらに、渋さだけでなく、おちゃめなところもあって、ほかにもいろいろな魅力があって、それらがどのように作られてきたのか。

そのような話が聞ければ、相手の人にとっては、とても興味深い話になるわけです。

こうした**相手の興味の先の先まで読んで、ディープな情報をあらかじめ仕込んでおくのです。そのような情報を得るためには、多様な情報ソースを持っている必要があります。**

そうした情報を用意するために、私は実にさまざまな人と会って話を聞いてきました。

そうしていると自然とさまざまな情報が私のもとに入ってくるようになります。

そのおかげで、たくさんの人が私の周りに集まってきてくれます。あえて人脈を作ろうという意図はなかったのですが、自然とネットワークができていたのですから、本当にありがたいと思います。

よく人は私のことを、経営者の方々を上手にコントロールしてきたんですね、とか、営業のスペシャリストとして成功してきたんですね、と言うことがあります。

実際は、その逆なのです。

ソニー生命時代には、大企業の経営者の方々とのお取引は、せいぜい2、3名というところです。ほとんどは中小企業の経営者の方々ばかりでした。

そのような方々の会社が、どんどん成長していくのをサポートしていくのが、私の仕事だと思って頑張ってきましたし、今も同様です。それをこれまで20年も、30年も、地道にやってきているのです。接待ということも一切しません。そんな必要はないからです。

周りが思っている私のイメージと、実際のところは大きく違っていると思います。

―コロッケのたとえ話

「守破離《しゅはり》」という言葉あります。

これは、日本の茶道や武道などの芸道・芸術・武道における師弟関係のあり方を表わし、それらの修行における過程を示したものです。今の教育の世界ではあまり言われなくなりましたが、今日では、師匠と弟子という関係自体が少なくなったからでしょうか。

私は、この話を、モノマネ分野で人気者になったコロッケさんを引き合いに出して、することがあります。

コロッケさんといえば、ご存じの通り、モノマネの第一人者、モノマネというジャンルで革命を起こした人です。

モノマネは、対象となる人の特徴を上手に模倣します。いわば、真似をしようとする人がコロッケさんにとっての師匠ということになります。

師匠となる人のトークやその人独特の表現、歌い方を真似する「守」がいいとされていましたが、多くのモノマネとコロッケさんが違うのは、それでよしとはしなかったからです。

コロッケさんは、対象となる人の表面的な特徴だけでなく、その人の考え方や感情の動きなどの眼に見えないところまで、徹底的に観察し、それを徹底的に真似していったのです。単に歌い方やしぐさだけでなく、人格を注意深く観察して、研究を重ねたうえで、その人がそのときどのような気持ちで、どのようなことを考えているのか、徹底的に調べて、その人になりきることです。

師匠から伝えられた技術をそのままコピーする技術を「守」といいます。一般には、技術を真似ることはあっても、人格まで真似ることはありません。

その人になりきったら、ちょっとその人の殻を破り（「破」の段階）、実際にその人が絶対やらないことをやっても、その人（芸能人）らしさを感じます。さらに、完全に違うことをやったとしても（「離」の段階）、その人（芸能人）に見えてしまい、その人を髣髴《ほうふつ》とさせ、似ていると思わせてしまうのです。

他のモノマネの人がやらないことをコロッケさんが独自にやるから人気が出るのです。そのしぐさや語りを注意深く見ていくと、それはあまり似ていません。ところが表面的に表れることをコピーするのではなく、その人の感情や考え方をコピーして、その人になりきっているから、似ていると思わせてしまうのです。

このように前人未踏ともいえる高度な作業をやっているので、モノマネが立派な一つの芸として評価されるのです。

現代の教育というのは、効率主義で、ポイントを学べばいい、肝心なところだけわかっていればいい、というのが教育方針になっています。

「守破離」を掲げて学ぶスタイルのあった時代には、単に師匠の技術をマスターするだけでなく、師匠の人となりから学び、何を食べ、何を思い、どんな好みだったのかという点までを体験的に学ぶことによって、さらに技術の深みを継承できたのです。

「まねる」という言葉は、もともと「まねぶ」という言い方で使われていて、それが「まなぶ」になったといわれています。

「まねる」も「まなぶ」も同じ語源からきています。

昔の人は、「まねる」ということが、「まなぶ」につながることをよく理解していたのだと思います。

―私の仕事について

私の仕事は、ライフプランナーです。

多くの方が私を保険の営業をしている人間と見ておられますが、ちょっと違います。

私にご縁のあった方には、みなさんにいい人生を歩んでもらいたい、そのためのアドバイスをするのが私の役割だと思っています。

ライフプランナーは、人生の羅針盤であるべきだ、と考えています。

それは、ナビゲーターかもしれないし、人生の伴走者かもしれません。だから、保険という商品を紹介するのは、たまたま私と出会うきっかけになったにすぎません。

今は、もう保険を売る仕事はしていませんが、それでも同じことです。


塾生の中でも、弟子たちを集めて私が体験してきた失敗談、成功談を話す機会があります。そのエッセンスを解説しながら、彼らが成長してくれる、そのための指導をしています。若い弟子たちが私のもとに来て、一緒に話をすることで、何か助けになればという思いでやっているのが今の私のライフワークです。私の活動の原動力は、それだけです。

塾生に好評な、こんな営業エピソードがあります。

私がソニー生命時代に、ある方から紹介をいただいたときのことです。

紹介者の方からは、「トップ営業マン」と紹介していただきました。

そのとき、私は一つの実験を試みたのです。

それは「名刺交換をしない」ことです。

名刺を持たずに1年間営業をしたら、どうなるか、という実験です。それは、単に私の興味だけでなく、この業界、あるいは営業全般に対する実験でもありました。

そのときも当然、名刺を持たずにお会いしました。

後で紹介者の方が言うには、「ソニー生命のトップ営業マンなのに名刺も持たないのか」と不審がられたそうです。

もちろん名刺を持たずに営業して、契約を預かれなかったとしても、自己責任ですから誰にも迷惑をかけるわけでもありません。

この実験をやるうえで、ここまで売り上げが落ちたら、やめようという最低基準だけは設けていました。そこまで落ちなければ1年間続けてみようと思いました。それは、2006年、私が40代のときの体験です。

この実験を1年間やってみて思ったことは、「まだまだこの業界は全然信用されていないんだな」ということでした。

例えば、弁護士や医者であれば、「○○先生」と呼ばれて、名刺なんかなくても信用されます。ところが、ライフプランナーとしてトップの成績を上げていたとしても、「なんだ保険屋か」という疑いのまなざしを向けてくるのです。やはり、まだ世の中では、ライフプランナーに対する理解は浸透しておらず、社会的地位も低いのでしょう。

この実験の1年間で、売り上げは半減しました。しかし、試してみた意義はあったと思っています。

なぜならこんなことがあったからです。

２００８年に『1年間の目標を20分で達成する仕事術』（大和書房）という本を出版しました。本を出すと、驚くほど周りの見る目が変わりました。

本を出してから講演会に呼ばれて、講師を務めたことがあります。

ご挨拶に見えた方に「すいません、ただいま名刺を切らしております」と言うと、「いえいえ、全然問題ありません。本日は先生の素晴らしい講演を聞かせていただき、ありがとうございました」と言っていただけるのです。

私の肩書は、本を出す前の「ソニー生命のライフプランナー」から変わっていません。

それが、本を1冊出しただけで、周りの見る目がガラッと変わるのです。

もちろん、いただいた名刺には必ずその後、お礼状付きで名刺をお送りするのはいうまでもありません。すると相手から、必ずメールやはがきでお返事をいただきます。別にその方に営業したわけではないのですが、「こちらにお越しの際にはお声がけください」と必ずメッセージがあります。

たった1冊本を出しただけで、世間の見る目は１８０度変わるものなのです。

ライフプランナーという職業柄、経営者が相手であれば、経営相談を受けることもあります。はっきり申し上げて、そこらの経営コンサルタントよりは、高いレベルのコンサルティングをしていると思います。

そのように思っていたのですが、今考えてみると、経営者の心情を十分わかっていなかったと反省しきりです。

私は経営者の方に対して、あくまでも経営の問題についての解決法をお話しさせていただいていました。しかし、本当の意味での経営者の悩みをわかっていなかったのです。

もちろん、私がお話しした経営の問題に対する解決方法が間違っていたということではありません。

経営者の悩みというのは、単に経営上の悩みだけではなかったのです。それは、今、自分が経営者という立場なってみて、よくわかります。経営者は経営以外のもろもろの問題も抱えています。

もしもそのことを理解していて、経営者の相談に乗っていたなら、どれほど素晴らしい応援者になっていたことだろうと思います。

今は、個別に経営者の相談に乗ることは多くありません。そこまでの時間がないのが残念です。しかし、さまざまな媒体を用いて、経営者たるものが持つべき考えについては、発信しているつもりです。

──お金の価値について

大学生の頃から私の塾生として出入りして、立ち上げた会社が株式上場し、今では会社の経営者やナンバー2になっている人がいます。そんな彼らが、今でも毎月、私の塾に出席してくれています。

別に上場するのが偉いわけではありません。しかし、会社を大きくすることで雇用を生み、世の中の人にいろいろと影響を与えていくことで、世のため人のためになっていくのです。

仮に会社の資産が100億円あったとして、**そのお金が世のため人のために役に立っていないとしたら、そのお金には何の価値もありません。**でも、100億円をすべて供出できる勇気があるなら、そのお金には価値を見出せます。

例えば、奈良県にある法隆寺の塗り壁の片面を修復するだけで4億円かかるそうです。資産10億円しかない人間が、この修復の費用に全財産を供出したなら、この10億円には価値があるでしょう。

もしも資産100億円の人が4億円寄付しても、それほど価値はありません。持っているのが大事なのではなくて、いざとなったら、持っているものを有意義なものにかけることができる人間になれるよう弟子たちを教育しています。


私は小さな頃から物に対する興味がほとんどありませんでした。

私があまりに服装に無頓着なので、塾生の一人にその点を指摘されました。それからユニクロで衣料品は揃えるようにしています。

それまでは、Tシャツや練馬駐屯地で購入した迷彩服を着ていました。

自分の身だしなみについては興味がありませんし、自分のためにお金を使うということもありません。しかし、学校や会社を作るには、そこそこお金はかかります。そのような場合には、お金を使うことに糸目はつけません。

明日は朝が早いから、今日はもう時間が遅いのでやめておく、という人生は送りたくないのです。

今がすべてです。

今を生きている――これがすべてです。

迎合したり、妥協したり、先延ばししたりすることはありません。

私のモットーは「枕を頭につけて寝ないこと」です。気を失ったら、そのときが終わりです。自分の人生を何かに提供するなら、私にとっては、それがすべてなのです。

――私がコンサルの依頼を受ける条件

私が32歳で「男塾」をやっていたときは、まだ一介のサラリーマンにすぎませんでしたから、お金があまりありませんでした。自分で食べることすらおぼつかないような状態でしたが、情熱だけはありました。

私より少し若い人たちを集めて、「どんな時代のどんな状況であろうとも生きていける男」を作るための活動です。しかし「男塾」を運営するための資金も十分ではありません。そこで、自分の昼飯を抜いて、それを運営の資金に充てました。

当時は、何かやろうと思ったら、昼飯1週間抜くぐらいしか資金を捻出できなかったのです。「男塾」は、このように始まりました。

今の塾生は、18歳の学生もいれば、40、50歳の年配もいるというように年齢層の幅は広がりました。

塾の募集は、とくに広告を出して一般の募集をしてはいません。塾生はすべて紹介制です。しかも人数も制限しているので、誰かが辞めなければ新しい人は入れません。だから、塾生が辞めるときに、新しい人を紹介してくる、という感じです。

塾生をとるからには、こちらにも責任があります。生半可な気持ちで入られても困りますし、こちらとしてもそれなりの覚悟をもって指導しています。

以前、ある企業からぜひともと、コンサルティングの依頼を受けたことがありました。当時から、私は個別の企業のために費やせる時間がほとんどなく、基本的にはお断りしていました。コンサルを引き受けるからには大きな責任が伴いますから、軽々しく引き受けるべきではないと、考えているからです。そのような考えを伝えて、お断りしました。

ところが、その会社は、お断りしても引き下がらず、何度も交渉してくるのです。もちろん、そのたびにお断りしているのですが、それでも引き下がりません。

あまりの真剣さに、とうとう私も折れて、本当にイレギュラーとしてコンサルを引き受けることになりました。もちろん、受けるからには、それ相当の責任が発生します。しっかりやるのは当然ですが、受ける側もそれ相当の覚悟をしてもらいます。

私を100パーセント信頼していただき、私の言うことは100パーセント聞いていただくことが条件となります。

双方に100パーセントの信頼がなければ、いい結果を得ることは不可能だからです。

―「経験値」と「経験智」

「経験値」という言葉は聞いたことがあると思います。

経験値とは、辞書をひくと「経験によって成長した度合い。経験の程度」という意味が掲載されています。

要するに、自分が生まれてから今日まで、何を経験して、何を学んだのかという程度のこと。これからの人生においても経験と気づきはありますが、この経験値を時間軸で表すと、せいぜい80年くらいのものです。

私はもう一つの経験値を考えています。それを「**経験智**」といいます。

経験値は、自分だけの経験です。

経験智のほうは、例えば親の経験を智慧《ちえ》として引き継ぐ。あるいは、祖父母の経験値を引き継いで、自分の経験値と止揚（アウフヘーベン）して、新たなものを創造していくことをいいます。

「温故知新」といって歴史から学ぶべきものを学んで今に活かす、といわれますが、私の塾では、歴史的な事象を学ぶことはもちろん、**その時代にどんな気持ち、パッションで彼ら彼女らが生きてきたのか、という「経験智」を学ぶべき**だと伝えています。

例えば、明治維新の実現に貢献した幕末の志士たちは、吉田松陰の「経験値」から自らの「経験智」として、日本の夜明けに向かって尽力していきました。

今日は、明治維新、大東亜戦争の敗戦に次ぐ大きな転機を我が国は迎えているといわれています。日本にとって激動の時代に足跡を残した偉人たちから「経験智」を引き継ぎ、今こそ実践すべきときなのかもしれません。

この時代にあって、いったい自分はどこにいるのか。それを考えたときに、過去の英傑、偉人が転形期をいかに考え、いかに行動したかということを学び、「経験智」を蓄積していくことで、自ずから何をなすべきなのかがわかってきます。

どうも一つの国や一つの民族の問題ではなく、人類の歴史そのものの総括が求められているような気がするのです。

自分の経験値に甘んじることなく、過去の人々の「経験値」から学んで「経験智」を蓄積しこの時代に活かして生きていきたいものです。

――遅れの法則

「夏至と冬至」という話があります。

夏至は6月21日、1年で一番太陽が長く出ている日で、いわゆる昼間が一番長い日です。冬至は12月21日、1年で一番太陽が出ている時間が短い、いわゆる夜が一番長い日です。

普通に考えると、夏至は太陽が一番長く出ているから気温も一番高くなるだろう。一方、冬至は太陽が出ている時間が一番短いから、気温は一番低いのだろう、と考えます。

しかし、実際には、一番気温が高いのは、8月中旬くらい、一番気温の低いのは2月頃になります。つまりタイムラグが、1か月半から2か月くらいあります。

このように**ものごとにはタイムラグを考慮すべき「遅れの法則」というものがあります**。これは、何も気温だけに限りません。

さまざまなものごとにこの「遅れの法則」というものがあります。

例えば、受験生が一念発起で1日5時間勉強を続けて、すぐに模擬テストを受けても、結果が出ない。それでもあきらめないで勉強を続けていると、ようやくテストでいい結果が出るということがあります。

ダイエットにおいても同様のことがあります。食事制限や運動などを続けていてもなかなか体重は落ちません。そのためダイエットで脱落する人が少なくありませんが、結果が出なくても諦めないで続けていると、ある日、ポンと体重が落ちたりするのです。逆のこともあります。結果が出たので一段落して、さぼっても、すぐには体重は増えたりしません。しかし、それを良しとしていると、ある日、リバウンドして、体重増加の厳しい現実に直面することになります。

「やっても、やっても結果はでないのは、ピークがもっと先にあるからだ」と思って、やり続けていかなければ、ピークを迎えることはできないのです。

これは、企業の業績にもいえることです。

優秀な企業は、プロジェクトを立ち上げて、その成果が出る前に次のプロジェクトを立ち上げます。

しかし、普通の企業は、プロジェクトの結果を踏まえて、業績が落ち始めてから次のプロジェクトを立ち上げ始めます。「これでダメなら、何か新しいことを始めなければ」と、次の事業を始めますが、それでは遅いのでどんどん落ちていきます。

優良な企業は、一つの事業の成果が出る前から次の事業を立ち上げているので、落ち込む曲線の幅が小さく、好業績を上げ続けられるのです。

つまり、勉強でもダイエットでも仕事でも、計画を立てて、ピークが来るのを楽しみに、しばらく結果が出なくても諦めずに続けることなのです。

中には、難しい込み入った問題が含まれている場合には、タイムラグは大きくなり、何年もピークが先になることがあります。起業して、新製品を開発して、すぐには成果が出ず、それでもやり続けて、ようやく成果が出るというケースもあります。

事業に「七五三」ということがあります。すなわち、最低でも三年は頑張る。それでもダメだったら五年頑張ってみる。七年頑張ってもダメだったら、そこで諦める、ということです。

言いたいことは、結果的に一番良いときというのは、すでに下り坂だということ。

ですから、ピークを迎える前に、行動は起こして波に乗ることが大切です。

――本社で新規事業を立ち上げる

ソニー生命時代、私はライフプランナーでしたが、本社の事業部に配属され、本社においてコンサルティング事業部を立ち上げ、現場のトップとして采配を振るう立場となったのです。

これは、ソニー生命始まって以来のことでした。後にも先にも、一ライフプランナーが本社に配属となり、新規事業を立ち上げて、そのトップとなって采配を振るうなどということはあり得ないのです。そのような稀有なことを行いました。

なぜ、私がこのような立場に立つことができたのか。

当時、ソニー生命にヘッドハンティングされて入社する人間は、日本の上場企業を中心に7000社にも及んでいました。

業種もさまざまですが、いずれも一流企業の第一線で活躍していた優秀な人材です。それぞれの分野での才能、営業力を買われて採用された人材、つまり、ビジネスの世界で、選り抜きの一流どころがソニー生命に結集しているのです。

そのエリートたちが、ここでは保険の販売だけをやっているのです。

もちろん、会社としては、それで売り上げを伸ばせるのであれば、文句はないでしょう。しかし、それでいいのだろうか、と私は考えざるをえませんでした。とても、もったいない感じがしたのです。

私は元々、経営コンサルタント志向だったので、その視点から見ると、彼らの知識や経験、ノウハウ、人脈を集めたら、あらゆる企業に対して、最高の経営コンサル、アドバイスを提供できると考えました。

大手企業ならいざ知らず、中小企業にとって、経営コンサルタントを雇いたくても、なかなかその予算を出すのは容易ではありません。しかし、私たちがそのコンサルを引き受けることができれば、もともとソニー生命のお客様ですから、安価なコンサルタント料で、巷の経営コンサルタントに負けないだけの、リアルな実践型のコンサルティングを提供することが可能なのです。

実際に、その分野での経験のあるエキスパートが揃っていますし、その人間がコンサルティングするのですからすごいことです。

そのような会社を作っていこうとの発想から、ソニー生命コンサルティング事業部を本社に提案し、設立を実現させたのです。

私は本社に呼ばれ、ソニー生命の会長直轄のコンサルタント事業部として多額の予算がつけられ、私が現場のトップとしてスタートしたのです。


この事業は、ソニー生命内部だけでなく、社外からも大いに注目されることとなりました。そこで4年間を過ごし、それなりの実績を上げることができました。

しかし、事業が軌道に乗ってくると、組織社会の弊害というもので、横からガチャガチャ言ってくることがたびたびでした。

私は、こういう性格ですから、外から余計なことを言われるのを良しとしないので、「それじゃあ」と言って、自分の立ち上げた事業に未練もなく、さっと独立していったのです。

ソニー生命の場合、通常の企業と違って、退職、辞めるという感覚はなく、卒業するという感じです。「プレミア・エージェンシー」という選ばれた人であれば、その資格を持って独立するので、ソニー生命を辞めるという感覚はないのです。

「プレミア・エージェンシー」は、エステートマネジメント、ライフデザイン＆ビジネスコンサルティングなどの生命保険の枠を超えた、さまざまなサービスや機能を緻密に広範に提供するもので、最適なアライアンスパートナーとのタッグにより最強のコンサルティング力を発揮します。

ライフプランナーの進化形として、ソニー生命においてライフプランナーとして実績を上げ、トップの資格を取った後は、独立系の新たなライフプランナーとして活躍できるのが「プレミア・エージェンシー」なのです。

現在、53社ありますが、私はその会長を務めています。ソニー生命とのお付き合いも現在も続いており、辞めたという感覚はありません。

――自分を疑う

人間は慢心したときから成長は止まるものです。

私は、成長というのは、これで終点というゴールがなく、人間は死ぬ瞬間まで成長の余地があると思っています。

私はソニー生命時代には、日々の成長と仕事の工夫によって、社内の営業マンのトップになり、それを維持し続けました。普通なら慢心してしまう状況にいることに気づきました。上司の私に接する態度が明らかに違うからです。

どういうことかというと、社内では私の意見が何でも通ってしまうのです。

もちろん、仕事の経験値と足で稼いだ知識によって構築されている意見なので、机の前で考えたような意見とはレベルが違うという自負はあります。しかし、自分がある意味でお山の大将として君臨する状態はあまり居心地のいいものではありませんでした。

自分では、己《おのれ》が慢心しないように日々戒めていましたが、それでも無意識には自分の能力を自画自賛してしまうところがないとはいえません。

社内で会議があって自分が意見を出すと、誰も何の反論もなく、それがスッと通ってしまう。そのとき、ふいにこのままでは自分がダメになる、と気づきました。

仕事の成績は相変わらずトップを続けていました。

しかし、自分の成長が止まってしまうことを恐れるゆえに、あえて退職の道を選んだのです。

退職後にはやりたいこともあり、展望も持っていましたが、もちろん保証はどこにもありません。誰しも所属する会社や団体を離れるときには不安に襲われるのでしょうが、自分では何とでもなると思っていましたので、少しも不安はありませんでした。ですから、一番良い状態を迎えながら、その波の勢いで辞めることが必要なのです。

自分が今までやってきたことには自信がありましたから、所属なしのゼロの状態になったとしても、まったく心配することはありませんでした。

なぜなら、自分はしっかりと根をはっていることを自覚していたからです。

これは、日ごろの仕事に取り組む姿勢です。普段、全力で仕事に取り組んでいるなら、たとえその地位を失うことがあっても、何も心配はいりません。いわば過去の自分が未来の自分を助けてくれるのです。

私は、常に自分の枠組みを外すように心がけています。

その最も良い方法は、海外に行くことです。

海外では私のことは誰も知りません。ただの一日本人でしかありません。そこのカルチャーギャップによって、自分を客観的に見ることができます。

──てっぺんから見る宇宙的視座

あるとき私のビジネスの師匠である安藤国威《あんどうくにたけ》氏から言われた言葉を、今でも鮮烈に思い出します。

「俯瞰的《ふかんてき》に見るなんて、ちょっと優秀な人なら当たり前のこと。けれども、ものごとをてっぺんからみる奴はめったにいない」

この「てっぺん」というのは、「宇宙的な視座」ということです。

宇宙から見れば、地球の46億年の歴史も一点にすぎません。だから、100年先のことを知りたければ、100年前のことを見ればいいのです。

人間の感情というものは、100年前も1000年前も、そんなに変わってはいません。ただ、その時代、時代の意匠が異なっているだけで、その中身はあんまり違っていないのです。

一見、100年前と100年後は、とてつもなく違っているように思われます。しかし、てっぺんから見るならその本質は少しも変わらないということです。

私が特殊部隊の方から学んでいることと、ビジネスの世界というのは、大きく隔たった世界のように思われます。しかし、てっぺんから見れば、一点なのです。その振り幅が大きければ大きいほど、一点に融合させたときには、非常に大きなパワーになり、大きなものが得られる、という考え方です。

まだ２００２年ごろ、携帯電話がやっと普及し始めた頃のこと、携帯で撮った写真は、今から見ればとてもお粗末でした。

あの頃、安藤さんは、低い画素数の写真を見ながら、

「いったい何画素になったら、個人が識別されるレベルになって、金融庁に認められると思う？」

そういった安藤さんの言葉の意味を、誰も理解できないでいました。

写真で本人認証できるときが来る、とすでに20年も前に考えていたのです。

そんな発想の人ですから、ソニーの「ＶＡＩＯ」をヒットさせることができたのです。

当時、パソコンは業務用が主流で、富士通しかり、ＮＥＣしかり、ソフトが充実してきて、いかに処理速度が速く、いかに壊れにくいかを競っていました。

しかし、後発であるソニーの「ＶＡＩＯ」のコンセプトは他社とはまったく違っていました。処理速度が遅くても、壊れやすくても、面白いものがいい。画像の編集や音楽を流せたりとか、いろいろなことができるファッショナブルなノートパソコンがいい、という発想から生まれた「ＶＡＩＯ」は個人のユーザーに支持されてヒットしました。

他社では欠点と思われていたものを認めて、それを転換してプラスに変えたのです。「面白い」「カッコいい」という付加価値をつけて、ターゲットを業務用から個人層に転換したのが、ヒットの要因です。

これが「宇宙的視座」からの発想のすごさです。

志誠義塾大學校では、ビジネスパーソンの受講生に対して、自衛隊の特殊部隊の方を講師の一人として迎えて、「宇宙的視座」から多くのことを学ばせていただいています。

「宇宙的視座」からの一点の融合により、既成の観念を打ち破る大きな変異を起こせる期待感は大きなものがあります。

第三章

世界から日本を見る

——世界55か国を味わう

私はこれまで世界の55か国を訪れ、それぞれの国の実状をこの目で確かめてきました。今は、どの国も空港が整備され、とても便利になっています。

ここ3年くらいは、新型コロナウイルスのパンデミックの影響もあって、海外に行くことは難しい状況ですが、それ以前は、月に2回以上、年間で30回以上は海外を訪問してきました。

ほとんどは仕事がらみで行くのですが、ときにはその国の実状を調べに行くこともあります。その国では、どれくらいインフラが整備されているか、どのような産業が盛んなのか、それまで得ている情報と実際のところは、どれだけ合っているのか、あるいは情報と実状に乖離があるのか、それらは実際に現地に飛んでみなければわからないことです。

日本は一見、情報大国のように思われます。新聞や専門誌、ネットや専門家のセミナーなどで情報はあふれていますが、いずれもバイアスがかかり、偏向していることが多い傾向があります。ですから、現地に行って、自分の眼で見て判断するのが、最も的確であると思っています。

数年前にマレーシアで「イスカンダル計画」というものが注目されました。「イスカンダル計画」とは、マレーシア国王がマレーシアの発展のために立てた政策です。シンガポールの中心街から車で30～40分のところにあるマレーシア・ジョホールバルの大地を切り開き、6～25年にかけてシンガポールと共同で複合経済都市を開発するという国家プロジェクトです。

この計画に多くの国や投資家たちが参画したり、投資を行ったりして、当初はマレーシア全体で大変な活気がありました。もちろん、日本からもこの計画に興味を持つ人は少なくありませんでした。

私としては、この計画がマレーシアを発展させる起爆剤になるのか、はたまた絵に描いた餅なのか、人から聞いた話や二次情報、三次情報では判断ができません。

当時、私を信頼してくれている方から、「イスカンダル計画はどうなのか」という問い合わせが多かったのです。私はそれに対して責任ある回答をしなければなりません。

そこで私は、3か月に1度、現地に足を運んで、この計画によって主要都市がどのように変化しているのか、実際にこの目で確かめ、関係者から情報を引き出し、それが整合性があるのか分析して精査しました。

当初は、すごい勢いでした。3か月をおいて眺める風景が劇的に変わっていくのです。前にはなかった道が立派な道路として整備されている。前には影も形もなかったうらぶれた街に「レゴランド」や「キティランド」というようなアミューズメントパークが出現していたりするのです。定期的に観測することで、いろいろなものが見えてきます。

ただの田舎町だったところが、建設ラッシュの加速で、あれよあれよという間に近代的な都市に変貌していきました。そのプロセスを目の当たりにするという貴重な体験をしました。

しかし、ちょっと気になることがありました。確かに「ハコもの」はできていますが、供給過剰で、近代的風景は人がほとんどおらず、閑散としていたことです。

マレーシアという国は、国王が変わると、前国王が進めていた計画は、すべて変わります。手のひらを反すようにガラッと変わってしまうのです。入り込んでいる国や企業も変わり、発展の速度や計画を進めていた風景が大きく変わってしまいます。

フィリピンもまた政権が変わると、それまでの計画がガラッと変わります。

そのように国の頭が変わると、風景が変わるという国は、何か国かあります。政治の体制の違い、文化の違いによって信じられないほど極端に変わることもあるのです。

それは、歴史的な知見に加えて、現地に足を運んで肌身で感じ取って、はじめて展開が予想できるのです。それも私の仕事にとって、大事な情報となります。

――非現実体験という学び

私は数えきれないほど海外に行っていますが、その国の名所旧跡といった観光コースに足を運び入れることはまずありません。

私が海外経験が豊富であると知ると、ときには「あそこの世界遺産は素晴らしいですね」みたいな話を振ってくる方がおられます。しかし、そのような観光コースは行っていないので、何とも感想を伝えようがありません。

私はその国の実状を知るために、現地の人とじかに話をするようにします。お互い利害もなく、本音の会話ですから本当の話が聞けます。

現地の人がどのような暮らしをして、どんなことに関心があるのか聞き出します。その話を聞くことで、その国の政治がどのくらいのレベルなのか、経済はどのような実状なのかということが、手に取るようにわかります。下手な専門家と称する先生の話を聞くよりも、ずっと参考になるのです。

地元の市場や繁華街に行って、地元の飲食店や屋台で食事をしながら、現地の人に忌憚《きたん》のない話をしてもらいます。ちょっと危なそうな場所でもずんずん入って行きます。

日頃格闘技で鍛えてありますので、現地のチンピラのような人にも絡まれた経験はありません。現地の庶民の生活に触れていくと、その国の実状がわかるとともに、彼らが日本に対してどのように思っているかということがダイレクトに伝わってきます。

これは、学者や評論家の先生たち大御所の話では、絶対に知ることができないことです。いわば、私のフィールドワークによって、世界の実状とともに、外から見た日本の実体を知ることができます。

私は、どこの国に行っても、手ぶらで迷彩服といったラフな格好をしていますから、あまり観光客とは見られていないようです。

―ブラジルの本当の姿

海外には一人で行くこともありますが、ときには塾生を引率して野外授業という趣で行くこともあります。マレーシアやシンガポールなどは何度も足を運んだ国です。

塾生と一緒にブラジルに行ったときのことです。

当時、ブラジルは、これからオリンピックがあり、ワールドカップがあり、莫大なお金が流れ込む大きな転換期でした。いったい、どのような街づくりをしているのか、この目で確かめたいと思いました。

幹線道路の整備は進んでいましたが、ちょっと路地に入ると、まったく手が付けられていません。それを見ただけで、主要なところだけが整備され、それ以外はイベントが終わったら、そのまま放置されるだろう、ということが容易に想像できるところです。

大きなイベントのための一過性の都市開発だと判断しましたが、今現在、その予測の通りです。路地は手つかずで、住宅の整備もなされていません。

実体験で得た生の情報とニュースで流れるブラジルの実状とを比較検討して、ブラジルの通貨であるレアルの金融価値がどうなるのか、予測することができます。

これは、大変貴重な情報となります。いかにさまざまな情報を集めて分析しようとも、現地の生の情報からの分析にはかなわないと思います。

その国の政策がいかに大きな動きを伴うとしても、それを行うのは政治家や官僚、大企業だけではありません。実際に政策を動かしていくのは、その国の国民なのですから。

国民が勤勉であるのか、いいかげんであるのか。利権が絡んでいるのか、謹厳実直なのか。公務員が職務に忠実なのか、賄賂が横行しているのか。

それは、実際に現地に入り、話を聞き、現場を見ることでしか、本当のところはわからないのです。

現地に行った塾生たちは、日本で報道されていることと、現地の実状とがあまりに乖離《かいり》があることに驚いていました。

――「殺人」と「自殺」

ブラジルという国は、何といっても面白い国の一つです。

何が面白いかというと、その国民性です。

ブラジル人は「自殺」という言葉の意味がわからないといいます。つまり、「自殺」という概念が理解できないのです。

ブラジルでは「殺人」は、とても多いというイメージです。しかし、「殺人」はあるけれども「自殺」はほとんどないそうです。

「殺人」が多いといっても、日本の自殺者の数のほうがはるかに多いのです。

日本の公式の自殺者数は、2万1000人くらい（令和3年）といわれています。しかし、実数は、その何倍もあります。実際には、10万人に迫る数だといわれます。

ところが、平成14年に3万5000人の自殺者がでてから法が改正されて、実際に発見されても24時間以内に亡くならなければ、「自殺者」としてカウントされないのです。

交通事故も同様です。交通事故に遭っても、24時間以内に亡くならなければ、「交通事故死」にカウントされないのです。これがデータ集計の仕組みとなっています。そのため、統計の数字が過小となっています。

ブラジル人が面白いのは、何か問題が起きると「俺は死にたい！」と落ち込みます。でも、ちょっとラッキーなことがあったり、可愛い女の子を見れば、死にたくなるような悩みも吹っ飛んでしまうのです。あるいは、一晩寝て、美味しいものを食べたり、お酒を飲んで発散できたら、悩みはどこかに消えてしまうのです。

あまり悩まない。悩んでも引きずらない。そういう民族性です。

ブラジルという国は、穀物などが豊富な農業国です。街を歩けば、そここここに、たわわに実った果実があり、手を伸ばせばいつでも美味しい果実を食べられる環境にあります。

しかし、資源が豊かである反面、ブラジル人は勤勉さが欠落しています。それは、ビジネスの局面においても実感できます。

ビジネスに成功して巨額を手にしたら、ヘリコプターを乗り回し、ビルからビルに移動する。ブラジルの道路事情は最悪なので、お金のある人の移動手段はヘリコプターが普通です。したがって、どこのビルの屋上もヘリポートとなっています。

そんな派手な一面だけ見て、投資家は「これはすごいぞ、この会社はとてつもない発展をして、すごい利益を産むに違いない」と短絡的な判断をし、肩入れすると、とんでもないことになったりします。

これには、ブラジル特有の事情があります。

ブラジルの都市の交通網は、交通量に比して容量が足りていません。そのため、いつもどこの道路も渋滞していて、すぐに動けなくなってしまいます。

そのため、ちょっとの距離を移動するにも、とんでもない時間がかかってしまいます。

鉄道もきちんと整備されておらず、時間通り運行されていません。だから、ぜんぜん当てにならないのです。

つまり幹線道路が整備されていないという、インフラの問題が大きいのです。

ちょっと裏道へ入れば、デコボコ道ばかりで、そんなひどい道を頻繁に利用するために、自動車はすぐに故障してしまいます。

世界では、電気自動車だ、ハイブリット車だ、といっている現在ですが、ブラジルではめったにハイブリッド車にはお目にかかれません。

オートマチックの車は、ギアボックスが壊れやすいので、道路事情が悪いところではすぐに故障してしまいます。そのため、今でもブラジルでは、中古のマニュアル車ばかりが走っています。

世の中、これからはEV車の時代といわれていますが、ブラジルでは、どこの世界の話かと、完全に別の時代をいっています。

「ブラジルの事業に投資するには」とか、外貨資金などの相談を受けるのですが、私が現地でこの目で見てきた事情に則して、できる限りの正しい情報を提供しています。

それを私の講演やセミナーでレクチャーしていますが、参加される方々は、ブラジルに対するビジネスの期待値が高いために大変驚かれます。

日本で手に入る多くのブラジル情報というものは、かなりのバイアスがかかっていることが多いのです。つまり、耳障りのいい情報ばかり集めて、実状とはおよそかけ離れた情報を提供しているというのが大方です。そのため、私の話を聞いてショックを受ける方も少なくありません。

とくに発展途上の国は気をつけなければなりません。その国の国民性を理解して、現地をくまなく観察しないと、ただ日本にいて聞いた話だけでビジネスをスタートさせてしまっては、泣きっ面をかかされても、後の祭りということになってしまいます。

―アマゾンでの体験

私は世界各地をめぐっていますが、普通の旅行という感覚ではありません。ですから、誰も体験しないようなことを体験しています。

アマゾンでも面白いことがありました。

アマゾンにはピラニアがうじゃうじゃ泳いでいます。ピラニアと聞くと、どなたでも「食われてしまう！」といった恐ろしいイメージしか持たれていません。

でも、ピラニアは目が見えません。音と臭いで獲物を見つけて襲い掛かるのです。だから、川に入るときには、できるだけ音をたてないようにして入ります。

嗅覚が敏感ですから、こちらがちょっとしたケガをしていてもアウトです。血の臭いに反応して、襲われてしまう危険があるからです。

そっと川に入って泳いでいる分には、何も問題ありません。ただし、それなりの覚悟は必要ですが……。


アマゾンの川下の川幅は、雨期になると350キロほどあります。つまり、川幅が東京から名古屋ほどもあるのです。当然のことで、対岸は見えません。まるで海です。

乾期であっても100キロあるといいますから、いずれにしても対岸を目視するというのは不可能です。

雨期になるとスコールがあります。ものすごい量の雨が降り、全体がもうもうとしたサウナ状態になります。そして雨が上がると、陽の光が差して川面一面が黄金に輝き、壮観です。しかし、誰も雨の中で舟を出そうという酔狂な人はいません。こんなすごい光景を

ピラニアを刺激しないでアマゾン川を泳ぐ

見ることができたのは私たちくらいでしょう。

私たちがアマゾンに3日間滞在していたとき、観光客には一人も会いませんでした。私たちが行くところは観光客が行くようなところではありませんから。

アマゾンの森林に入るときに注意しなければならないことがあります。

それは虫です。虫といっても、私たちがイメージしている虫とはレベルが違います。蚊でも、虻でも、半端でない数が体に集まるのです。前を歩いている人の背中に蚊や虫で模様が描かれるくらい寄ってきます。

日本から持っていった虫よけスプレーはまったく用をなしませんでした。だから文明の利器ではなく、現地の人に虫よけの方法を教えてもらって、奥地に入るのです。

それは、とても奇妙な方法です。

現地の人が指定した木の幹に自分の手を置きます。すると、あっという間に無数の蟻が手を伝ってきて、たちまち腕全体が蟻で真っ黒になります。突然のことで声も出ません。ショックで愕然とします。

そうなったら、幹から手を離し、腕に群がった蟻を全部潰して、その汁を体中に塗りたくるのです。すると不思議なことに、それまでたかってきた蚊や虫が寄ってはきますが、刺したりしなくなります。

このおかげで、アマゾンに入っても、蚊や虫に襲われて腫れたり、病気になったりせずに生還することができました。

このような異世界に入って、身を護ることだけに集中していると、普段抱えているような悩みなどは、頭に浮かべるだけの余裕もなくなってきます。

同行した若者たちは、みな五感を研ぎすまし、必至に危険を察知しながらアマゾンの森林を分け入っていきました。たぶん、日頃の悩みなどすっ飛んでいたでしょう。

現地の人たちは、この生命さえ脅かされる地で、毎日精一杯生きているのですから、うつ病になどなっている暇はないのです。

日本でも、敗戦直後、世の中が混乱期で、食べるのに

ブラジルとアルゼンチンをまたぐイグアスの滝

も困難な時期には、生きるのが精いっぱいで、その頃はうつ病にかかる人はいなかったといいます。うつ病は、生きるのに余裕のある時代の疾患なのかもしれません。

こんなブラジルの地でとても感心したことがあります。ある地域の村では、どの家も地面に家が建っていないのです。では、どこに建っているのか。

それは、ドラム缶を並べた上に建っているのです。

雨季になると、近くの河が氾濫します。それも半端ない量の水があふれ、地面が見えなくなるのです。ですから地面の上に建てていたら、あっという間に濁流に流され、家は跡形もなくなってしまうのです。

そのためドラム缶のいかだの上に家を建てることで、どんなに河の水があふれようと平気な、「浮く家のシステム」が完成したのです。

虹がかかったイグアスの滝

この土地ならではの知恵ですが、しかしこのアイデアは日本で活かされることはないでしょう。

――中国の内陸部で学ぶ

アマゾンほどではないにしても、中国の内陸部でもさまざまな学びがありました。トイレ事情が悪い、というよりも、公衆観念が異なっているので、日本にいる感覚でいると、面食らってしまいます。

昔から中国ではドアの無い丸見えのトイレが一般的でしたが、いまだに健在です。そこで用を足すというのは、なかなか勇気が入ります。さすがに北京や上海なら近代化が進んでいるので、先進国や日本とトイレ事情は変わりません。

けれども、北京にいても、中心部からちょっと離れた路地裏に入れば、昔のままです。都市部のこぎれいに創られたものと異なり、大衆的で雑多な食品や商品が格安の値段で売られています。

都市部と裏町での格差は、かなり幅があるということです。

中国在住の富裕層は、日本の人口と同じ一億人くらいいるといわれています。ほとんどは中国共産党関係者のようです。資本主義が徹底していない中国では、投資しても共産党の一声で、相場が大きく変動してしまうことからも、共産党の意向をいち早く知らなければ資産を殖やせないのです。

一方、共産党と関係ない庶民は、劣悪な生活をいまだに強いられています。貧富の差は、日本の比ではありません。そんな庶民の胃袋を支える格安の食品が、ちゃんと裏町には用意されているのです。

需要と供給の仕組みは、どんなところでも機能しているのです。

中国では、万里の長城の端から端まで行ってみようというツアーをやりました。

中国、そしてモンゴルに入ります。

まず、北京から万里の長城の端まで行くのに何日も電車に乗ります。

一番安い寝台列車に乗ってみると、三段ベッドが設置されているのです。昔、観た映画に出てきた負傷兵を乗せる野戦列車みたいで、とにかく寝るだけの棺桶みたいなベッドスペースでした。それに乗って、駅らしいところに着くと1時間くらい停まります。その間に屋台や普通の人家みたいな食堂で食事を済ませるのです。

当時の中国は、大きな町には高層ビルが立ち並び、海外の高級ブランドを扱う店が競い合うように並んでいますが、2、3本裏の路地に回ると、まるでタイムスリップしたみたいに、戦後の日本の闇市みたいな光景が広がります。

屋台で食べれば、2、300円でお腹いっぱいになりますが、高層ビル街の日本料理店に入ろうものならば、目の玉が飛び出るような料金を請求されます。

さて、万里の長城は、とにかく雄大です。ラクダの背に揺られて、果てしなく続く城壁に沿って、褐色の大地を往くのです。あたかも永遠の時の流れを往くかのような壮観な眺めです。日々のちょっとした悩みなどもすっかり吹き飛んでしまいます。

私は、どういうわけか、人の行かないようなところに行き、人のやらないようなことをやる、という天邪鬼《あまのじゃく》なところがあるようです。そういうところに興味を惹かれるのです。

これは、どうも私の少年時代に起因しているのかもしれません。

――日本が大好き

私はこれまで世界55か国を訪問、いや体験してきました。

そして、日本に帰ってくるたびに、日本が好きになっていきます。それが行く前よりもどんどん好きになっていくのです。それほど日本という国は、たくさんの魅力にあふれる国なのです。

日本や日本人に対して、世界の人々は大変期待していることをよく耳にしました。そのことを日本人が一番わかっていません。

自分が住んでいる国がいかに素晴らしい国であるということを、多くの日本人は忘れているのです。

私はこの体験から、若い世代に対して、日本人として生まれてきたということは、いかに凄いことなのか、そのことを伝えるようにしています。

日本は素晴らしい歴史を持っている国です。江戸時代は２６５年間という長い間戦がありませんでした。世界史を見てもこのような国はありません。

明治維新にしても、幕藩体制からわずかな期間に近代国家に生まれ変わり、清国やロシアといった大国と戦って勝ってしまうという奇跡を成し遂げた歴史を持つ国なのです。

また、これからの時代に対して日本という国は大きな使命を持っていると思います。争いの絶えない世界を終わらせて、世界の人々が平和で、飢えることも、病むことも、争うこともない、人類が夢見た世界を構築するためにリーダーシップをとらなければならない国ではないかと思います。

そのようなことを考える日本人は少ないかもしれません。

けれども外国に行けば、日本のことがよくわかるはずです。そして、世界の人が日本をどのように見ているか、理解することができるでしょう。

欧米諸国の人は、中国人や韓国人と、私たち日本人の区別ができません。

彼らに会うと、じっと私の顔を見て、「チャイニーズ？」と、どちらかといえば、軽蔑のまなざしを向けられることがあります。

そのときに、「ジャパニーズ」と答えると、納得されるのか、「ＴＯＹＯＴＡ！」「ＳＵＺＵＫＩ！」「ＳＡＭＵＲＡＩ！」など知っている単語を連発します。

アジア圏やアフリカや南米では、どこに行っても日本人は、特別のまなざしを向けられます。このドラスティックな体験をぜひ、ご自分の体験として実際に味わってほしいと思っています。実際に海外に行ってみればわかります。

そしてそのとき、日本人としての「誇りを持つ」ということがわかります。現代の日本人が素晴らしいということではありません。これまでの先達、２６００年以上にわたる先祖たちの築き上げた歴史があったからこそそのことです。

過去の歴史を刻んだ日本人が築き上げたものを、私たちの時代に終わらせてはならないのです。

若いうちにぜひ世界をめぐってください。1年に一つの国に行ったとしても、生涯ではかなりの数の国に行くことができるのではないでしょう。

―日本を知らない日本人

日本に住んでいる日本人だからといって、この国のことを知っているとは限りません。

というよりも、むしろ、日本のこと、とくに本当の日本の歴史を知らない日本人のほうが、圧倒的に多いように思います。

それは偶然ではなく、戦後日本が二度と連合国に歯向かわないように、その牙をぬくことをGHQによる占領政策で行われたからです。

日本人の魂を培っていた歴史を学ぶこと、とくに建国神話により、この国が大切にしていること、神々とともに生きること、そして2000年以上にわたって受け継がれていた「八紘一宇《はっこういちう》」の精神があります。

さらに、生き方としての武士道。そして何よりも天皇陛下に対する尊崇の精神。これらが日本の風土を形成し、日本人の精神を育成してきました。

それが戦後の占領政策により、すべてが封印されてしまいました。つまり、日本人の精神の背骨というものが無きものにされ、戦後の日本人は骨抜きにされてしまったのです。

そして、占領政策の一環で、民衆を洗脳する方法の「スリーS政策」がとられました。

スリーSとは、「スクリーン」「スポーツ」「セックス」です。

つまり映画やコミック、スポーツ観戦や奨励、性的な画像や話題、それらの娯楽を提供することで、日本人にとって大事なことを深く考えさせないという政策が行われ、それが見事にはまりました。

現在も多くの日本人の洗脳が解かれず、本当のこと、この国に危機が迫っていることに気づかないでいます。

そのことに気がついている心ある人は、日本の本当の歴史を学び、日本人がこれからしなければならないことについて考えています。

私の主宰する「志誠學」でも、若い世代に日本の本当の歴史を学ぶ機会を与え、「日本人として学ぶべき大切なこと」をともに考え、そして体験できるようなカリキュラムを用意しています。

―日本人の仕事と会社

世界に、創業2００年以上の企業がいくつあるか、ご存知でしょうか。

5586社あります。しかも、そのうちの日本企業が占める割合は、56パーセントにも及びます。つまり、半数以上を日本企業が占めているということです。

200年前といえば、江戸時代後期にあたります。つまり、明治時代以前に創業した会社が3146社もあるのです。これは、きわめて驚きに値します。

さらに時代をさかのぼり、創業1000年以上の企業が世界に12社存在しますが、そのうち7社が日本に存在しているのです。

世界で最も古い企業は、今から1445年前、飛鳥時代の578年に創業された建設会社の「株式会社金剛組」です。聖徳太子が百済から宮大工を招き、四天王寺を建立しました。このときの宮大工、金剛重光《こんごうしげみつ》が創業したのが金剛組でした。

なぜ、このような長寿企業が日本に多いのでしょうか。これは、偶然ではありません。それが必然である理由が、この国の中にあるのです。

歴史や文化、経営といった側面でのさまざまな理由があります。

ところが、このような世界に誇る価値を生み出している日本の姿が、残念ながら意外に知られていないのです。

日本に生まれて、日本に育っていながら、自分の国のことはよく知らないのです。情報があふれている今日ですが、肝心な情報は教育の中で教えられていないのです。

グローバル化が進む今日の働くスタイルでは、日本の中で日本人とだけ働く、という時代は終わりつつあります。これから起業するという人たちは、その活躍する舞台を世界に求める人も少なくないでしょう。

多様な文化や価値観を持つ人たちと対等に渡り合い、その夢を実現するためには、必要欠くべからざることがあります。

それは、「私たち日本人はどこから来たのか、そして、どこへ向かっているのか」。何を大切にし、何に喜びを感じるのか。

長い歴史に触れ、それが生まれた背景を知ることは、世界という舞台で活躍できる自信とエネルギーにつながるのです。

戦後教育により、日本人が大切にしていた日本的なものを否定することに慣れてしまった私たちがいます。だから「無宗教の日本人」となってしまったのです。

歴史的に見て、「無宗教の日本人」など戦前にはいませんでした。それは日本の宗教観を変えられてしまったのです。戦前までの日本人の生活に溶け込んでいた、神社を中心とした地域の生活共同体の中で育まれていた精神も含まれています。

今でも年の初めには、各地の神社は初詣でにぎわいます。

しかし、その一方で、どこにどんな神社があるのか、自分が暮らす地域の氏神様はどこなのか、ということを知らない人も多くなりました。

かつては、各地の神社は、そこに暮らす人たちの心のよりどころでした。そのような大切な神社という存在も、多くの日本人の心から抜き取られてしまったのです。

——世界と対等に渡り合える人間に

ＧＨＱの戦後教育によって封印され、現代の日本人の多くが知らずにいる日本人の価値観。本来の日本に目覚めることで、欧米をはじめとした世界の国々の多様な価値観や文化伝統というものを受け入れるだけの器量が生まれます。

それは、「日本が一番」「日本のやり方が一番正しい」というような偏頗《へんぱ》なナショナリズムを誇示するのではなく、さまざまな国の価値観を受け入れ、自分の中で相対化することができるようになるということです。

それにより、グローバルに展開するビジネスの中で、その時々のシチュエーションに合わせて、最適な選択を可能にする力量を育んでくれます。


日本という文化を身につけ、日本人の持つ価値観を知ることによって、グローバルな舞台で、何か問題が生じたときに、「日本人ならどうするか」という視点から問題に対応できます。日本と異なる欧米の文化に遭遇したときに、その素晴らしさを認めつつ、同時に日本の文化伝統の素晴らしさに気づくことになります。

どちらの文化が優れているのか、という比較ではなく、それぞれの価値観や習慣には、それが生まれた必然的な土壌があり、そのことを理解する必要があるということです。

世界を舞台にしてビジネスを展開するとき、欧米のスタンダードなやり方に合わせる必要はありません。ただ、なぜ彼らがそうするのか、その理由を知ったうえで対応していくことは必要です。

明治維新以来、「日本は欧米列強の科学技術に追いつけ追い越せ」というスローガンのもと技術革新を成功させ、それが日清、日露戦争の勝利で、全世界に強国としての日本が認められました。

大東亜戦争の後には、米国ＧＨＱの占領計画の中で「日本は欧米よりも劣る」というコンプレックスが日本人の心の奥底に入り込んでしまっているように思われます。

しかし、**本当の日本の価値観に目覚めることにより、欧米に対する劣等感を払拭し、健全な誇りを持った日本人として、グローバルな舞台で活躍することができるのです。**

―私憤と公憤の違い

近頃は、日本も何かギスギスしてきているような気がします。

電車の客同士のトラブルで電車が止まったり、客に駅員が暴力を振るわれるケースが少なくないといいます。そんなポスターを見かけたことがあります。

また、高速道路などであおり運転が頻発していて、よくテレビのワイドショーなどで取り上げられています。

いずれも個人的な問題によるストレスの発散でしょう。

こういう出来事は「私憤《しふん》」に類別されます。

自分の不満やストレスを外部に何らかの形で発散しようとします。その多くは暴力という形をとります。

家庭内暴力の問題も少なくありません。近頃はＤＶ（ドメスティック・バイオレンス）などと横文字が使われているようですが、暴力は社会だけでなく、家庭の中にまで入り込んで、凄惨な事件に発展するケースも少なくありません。

世の中が安定しておらず、国内外で問題が山積みになっている、そのしわ寄せが国民の中に暗い影を落としているのかもしれません。

私憤というのは、このような私的な憤りのことをいいます。いずれも、自分の中のエゴというものが主体となり、他者に対して危害を加えるケースが多いのです。

これに対して「公憤《こうふん》」というものがあります。

公憤を辞書的に定義すると「社会的な出来事に対する異議申し立て。社会にはびこる悪弊や不正に対して、個人的な恨みではなく、強い正義感から派生する感情で、社会を良くする、という動機から起こる」というような意味です。

世の中には不条理、不合理なことは山ほどあります。それに対して、異議申し立てる人は無数におられます。

日本人の中には、公《おおやけ》というもの、昔であれば藩のお殿様、今でいえば天皇陛下という存在が公ということになります。

前述しましたが、日本という国には昔から「八紘一宇」という理念がありました。

これは簡単にいうと、「世界は一家、人類は皆きょうだい」というかつての日本船舶振興会の笹川良一《ささがわりょういち》会長が昔、コマーシャルで唱えていたスローガンです。

これがまさしく「八紘一宇」の考えです。もしも、誰もがそのように考えることができれば、世界から争いは消滅します。国と国、宗派と宗派、民族と民族、そのような対立点がなくなってしまうからです。

日本人は、昔からこのような考えを持っていました。自分と他人という関係を対立としてとらえるのではなく、他人も自分の一部という考えです。

これを「**利他**《りた》」といいます。

自分を犠牲にしてでも他人のためにに尽くすことをよろこびとする、という大乗仏教的な考えが根付いているのです。

「情けは人の為ならず」というコトワザがあります。

これを昨今では「人に情けをかけても為にならない」という言葉通りの直訳の解釈が浸透しているようです。

本来、この意味するところは、「人にかけた情けは巡り巡って自分に返ってくる、だから人に親切にするということは、実は自分にしていることなのだよ」というような意味なのです。つまり、人様は自分と同じ、人様を大事にすることは自分を大事にすること。

日本人の中には、このような「**利他の精神**」が脈々と流れています。

聞くところによれば、日本人には「Ｙａｐ《ヤップ》遺伝子」という特殊な遺伝子が受け継がれていて、これは、モンゴルと中東の一部に見られるきわめてまれな遺伝子といわれていま す。この遺伝子は男系で代々受け継がれていく遺伝子といわれています。

この遺伝子が、人を大事にするという日本人の民族性にかかわっているという説もあるようです。

いずれにしても世界の争いの多くが宗教の対立です。幸いなことに日本の神道には、どんな宗教、思想も受け入れるという、きわめて懐の深いところがあります。

私も**日本人には世界の平和実現に貢献する使命がある**と思っています。

単なる私憤を持っている限り、世界の平和には貢献できません。一度、自分を一段上からの視点で眺めるようにして、私憤ではなく公憤を抱くようにしていきたいものです。

――日本人の体格を生かす道

近年の日本の若い人たちの体格は著しく改善されています。しかし、それでも欧米の人たちと比較すると見劣りすることは否めません。

日本人の中には、見た目においてどうしても欧米コンプレックスというものから離れられない人もいるようです。

こうしたアジア人の特徴を備えた日本人の体格を生かすといえば、海上自衛隊の特殊部隊です。闘いのプロが集められた特殊部隊には、身体が小さな人が多いのですが、それがむしろ有利に働く場面が多いといいます。

日本の武道の一つである合気道は、身体の大きさで勝負が決まるわけではありません。身体が小さくても、大きな相手に勝てる技術を磨いています。身体が大きいからといって、決して有利とはいえない、戦いの本質があります。

ルールを設けたスポーツでは、「身体が大きい相手には勝てない」「日本人の小さな体格では不利だ」と思いがちですが、さにあらず。視点を変えると優劣が逆転することがあります。

大切なのは、自分の持ち味を生かし、それをベストなタイミングで生かすことです。

かつてのベトナム戦争では、身体の小さなベトコンに翻弄され、大量の物量を投入したにもかかわらず、アメリカは敗北を余儀なくされました。ゲリラ戦を敷くベトコンに対して、物量では圧倒する米軍でしたが、敵の姿が見えずに翻弄され、米兵は敗走を余儀なくされたのです。ベトコンが自然も味方にして戦ったことが勝因の一つです。

この自然を味方にした戦術に「クチトンネル」があります。ホーチミン市クチ県を中心とした全長250キロにもわたる地下トンネルのネットワークのことです。

これは、地面にA4サイズほどの小さな穴があり、通常、枯れ葉で穴を隠していますが、そこに体の小さなベトコンのゲリラが隠れていて、米軍のすきを見て銃撃してくるのです。米兵はどこから攻撃してくるのかわからず、パニック状態に陥ったといいます。もちろん、米兵にも小さな穴は見えていたはずです。しかし、まさか、そんな小さな穴に人間が入っていると思わないので、どこから襲撃されるのか疑心暗鬼になって混乱し、後に精神に異常をきたしてしまう多くの米兵がいたといいます。

西洋人は、自然と人間をはっきり区別して考えますが、東洋人は人も自然も調和して生きるという感覚を持っています。

アジア人は自然との共生感覚があり、自然とどう調和して生きていくのか、という考え方をしてきました。この自然観の違いが、戦争の勝敗を大きく分けてしまったのです。

特殊部隊も「自然と共生し、自分の能力を生かす」という点は、共通しています。

欧米の特殊部隊と日本の特殊部隊とではその違いが如実に現れます。

例えば、真っ暗闇の中で獣道を進むとき、欧米の特殊部隊は煌煌とサーチライトを照らして進みますが、日本の特殊部隊では赤いセロハンを通したライトで一瞬だけ前方を照らし、目に映った画像を記憶に焼き付け進んでいきます。どちらも、メリット、デメリットがあるのですが、自然に溶け込むことに長けた日本人ならではのやり方です。

私たちも現役の日本の特殊部隊の方に直接、指導を受けることがあります。

特殊部隊の方たちは、互いをコードネームで呼び合います。そして、階級や年齢の上下に関係なく、敬語を使わず対等に話します。それは、同じ運命をたどる同志という覚悟が

自衛隊の特殊部隊の体験学習に参加した著者

あるからです。

特殊部隊のメンバーは小柄な人が多いようです。とくに海上自衛隊の特殊部隊は、海中に潜る際に、酸素を多く消費する大男よりも消費量が少なく、動きも機敏な小柄な者が優先されるためだといいます。

また、海中での争いは身体の大きさは関係なく、むしろ小回りのきく者のほうが有利に働くそうです。

任務に就くときは、脂肪をつけて臨むそうです。それは、任務中に食事がとれないような状況にあっても、確実に任務を遂行できるようにするためです。

常に身体のコンディションを整え、体重の増減などもコントロールできるように訓練しています。戦いは格闘技ではなく、敏捷性、スピードによって、相手を一撃で殺傷するのが目的なので、やはり小柄な戦士のほうが有利とのことです。

今はコロナパンデミックで大変ですが、特殊部隊の隊員は感染症には敏感で、徹底的に防御します。ひとたび感染症になったら、部隊をやめなければなりません。感染は隊員にとって致命的なのです。

彼らに教えてもらいましたが、徹底的に手を洗い、目と鼻には触らないことも徹底するそうですが、マスクは禁止です。マスクなどで物理的な安心感を得ることは、常に緊張感を持っていなければならない隊員には禁物なのだ、ということを聞いて感心しました。

塾でも〝セッション〟と称して、さまざまな体験を共有することがあります。目隠しをして、車の交通量の激しい道の遊歩道を歩き、誘導の声を頼りに歩くなどの訓練をします。目隠し体験者は、誘導者の指示だけが頼りなので信頼して動きます。また指示を与える者は、具体的に指示する能力を磨きます。まさに「信頼というセッション」です。

ふだん歩きなれた道が、俄然、危険と背中合わせの空間に変貌することを知ります。五感の一部が失われたときに他の感覚器官で補うという訓練でもあります。

突然、困難に陥ったとき、今あるもので、その苦境を乗り切るためには、瞬時に知恵を活用する必要があります。そのような訓練する機会がほぼない私たちの生活の中で、塾生にそのような訓練をさせることもあるのです。

他には野外訓練で、ブルーシートとサバイバルナイフだけという最小限の荷物のみを携帯して山の中で過ごす訓練をしたこともあります。

夜、初心者は平らな場所でシートを敷いて寝ようとします。しかし、そのような場所は、イノシシや鹿、戦地であれば敵に容易に襲われてしまいます。そこで、イノシシなどに襲われない、安全な場所、いざとなったら逃げ道が確保できる場所というとかなり場所は限られてきます。そのような訓練により、危機を回避することを身体感覚で覚えることを体験します。

座学では、頭で覚えたことは簡単に忘れます。しかし、身体で覚えたことは、一生忘れないものです。

私は、その感覚を大切にして、塾生たちを訓練しています。

――志誠學の鹿児島研修のこと

「志誠學」の目玉の研修として、鹿児島研修があります。

ここでは簡単にですが、説明させてください。

なぜ、鹿児島なのか。

それは、薩摩の国というのは、「天孫降臨《てんそんこうりん》の地」でもあります。

一般的には、天孫降臨の地といえば、高千穂峡、すなわち宮崎県とされています。しかし、天孫降臨、瓊瓊杵尊《ににぎのみこと》が高天原から地上に降り立った地は2か所あるといわれます。その一つ、山のほうが鹿児島の地なのです。その舞台になったのが鹿児島と宮崎の県境にある霧島山で、『古事記』『日本書紀』に記載されています。

日本の歴史において、鹿児島の薩摩の国は重要な働きをしています。

世界史から見て奇跡といわれる「明治維新」「日露戦争」「大東亜戦争」は、すべて薩摩が絡んでいます。

その歴史を紐解く旅を研修の目玉としているのです。

今回は、維新の大功労者、西郷隆盛を大躍進させた、島津斉彬《しまずなりあきら》公の末裔にあたる方に仙巌園《せんがんえん》や島津家の話をしてもらったり、福昌寺《ふくしょうじ》を説明してもらいました。

実際、その地で説明を聞くと、これまでの歴史の見方がまるで変わります。

二日目は明治維新の話を教科書的ではない、本当の歴史の話を聞かせていただいた後に、西郷隆盛の三番目の奥さんのいとこのひ孫の方に、西郷の自決の場所や首の置かれた場所を案内していただきました。

次に、かつて海軍の特攻隊が飛び立った場所である指宿《いぶすき》に向かい、知覧《ちらん》平和記念館の初代館長の息子さんから特攻隊の話をうかがいました。

その後、5人の役者さんに特攻隊の芝居を演じていただき、歌やバイオリンを奏でて当時の雰囲気を塾生の五感に訴えるように演出し、特攻隊をリアルに感じてもらいました。当時の切羽詰まった状況を知る由もない塾生たちですが、特攻隊への理解を深めてもらいました。

日本の国の始めから、近代の歴史の転回点となる明治維新、日露戦争、大東亜戦争について、学校で学んだ官製の歴史ではなく、現地におけるリアルな歴史を学ぶことによって、歴史観が大きく変わってくるようです。

とくに特攻隊の手記を実際に目にすることにより、二十歳になるかならぬかといった若い人たちが、国を念じ、国のために命を捧げるという意味を理解する機会となりました。

同時に、それまでは自分と関係のない遠い歴史の話、護国のために散った特攻隊の尊い命が現在の自分たちが暮らすこの国の現在につながっていることを理解したようでした。

今こそ私は、日本が大きな危機の時代を迎え、若い人に高い志を持って、この時代と切り結んでもらいたいと思っています。

――手塚治虫記念館に行って

別の研修では、兵庫県宝塚にある手塚治虫記念館にも行きました。

改めて、手塚治虫という漫画家がすごいと思うのは、すべての物事を宇宙的な視点から見ていることを改めて知ることができたからでした。

「鉄腕アトム」にしても、「ブッダ」にしても、「ジャングル大帝」にしても、「火の鳥」にしても、どれもとても深い思想に裏打ちされています。

「鉄腕アトム」は未来の話です、「ブッダ」は過去の話、「ジャングル大帝」は動物と人間の話、そして「火の鳥」は過去から未来にかけての魂の輪廻転生という永遠の話ですが、いかなるシチュエーションにあっても、常に命とは何か、人間が生きる意味とは何か、愛するとは何か、争いとは何か、とさまざまな根源的な問いを突き詰めていると思いました。

今の延長上にものを見るのではなく、一段高い視点で「今」を見ていくことが何事にも大切であることがわかります。

「ブラックジャック」は、その人間が生きる価値があるか、という視点で見ています。それは、人が今生きていることにいかなる意味があるのか、ということを問うていることでもあります。

現在の医師会や製薬会社は、お金のことに汲汲していて、命の意味を問うなどという高尚なことは忘れ去られているのではないでしょうか。

病気を治すというよりも、病気を作って金儲けする、というような商売で成り立っていることがわかります。

一人の芸術家の一編の漫画を見ることで、人間や世界のことについて深く考えさせるものだと、手塚治虫の偉大さを改めて知ることができました。

第四章

体験が人の器を大きくする

―体験の価値は自分で決める

「1日100万円の研修」は高いでしょうか。

例えば、車ならば車種や機能を比較して、それが高いか安いか判断できます。

しかし、形のない研修やセミナーとなると、それが高いか安いかの判断は、なかなか難しいものです。

投資した分だけ効果があるのだろうと考えるとしたら、それは大きな間違いです。

確かに高い研修であれば、それなりの仕掛けがあるでしょう。

いかにも独自のノウハウだったり、このテクニックを使えば容易に投資した金額は、すぐにでも回収できるかのように謳われます。

しかし、相手は高いお金を払っても満足してもらえるよう、あらゆる手で知恵を絞ってくる。単にそれに乗せられるのか、それとも投資額以上のものを学んで持ち帰ることができるのか。

それは相手の問題ではなく、自分の問題なのです。

例えば10万円払って、10万円分の効果を得られたとしましょう。それでは、投資価値はゼロということになり、意味はありません。

その10万円を１００万円にするには、どうすればいいか。

１０００万円にするには、どうすればいいか。

1億円にするには、どうすればいいか。

そのようなモチベーションの下で研修を受けるのと、ただ漫然と研修を受けるのとでは、自ずと研修を受ける姿勢が違ってくるでしょう。

価値は自分で決めるもので、相手にお任せするものではありません。**自分が知らないことを教えてもらえるなら、それを自分が無限大の価値にすることができるのなら、それは極めて有意義である**ということになるでしょう。

どんなものに接しても、そこに価値を見出すことを私は常にやっています。

私は1分1秒とて無駄にしないように生きているつもりです。

私が今まで研修にかけた過去最大の投資金額は、一つの研修で９００万円です。

トップセールスレディを育成している朝倉《あさくら》千恵子《ちえこ》さんからご紹介いただいた研修なので

すが、なぜこんな高額の研修を受けることになったのか。

朝倉さんは大のアルコール好きで、1年に400日は飲んでいるほどの酒豪です。そんな彼女とある日、飲み会でお会いしたときに、ジュースを飲んでいるのです。どっか体の具合でも悪いのか、と尋ねたところ、予想外の返事をされてきました。

「21日間のプログラムがある研修に行っているから、3週間お酒をやめているの」

あの大の酒好きの彼女を3週間も酒断ちさせてしまう研修とは何だろう、すごいインパクトでした。私としては興味津々です。

4日間で10万円という手頃な研修があるのですが、それはこの半年間は開催されないといいます。

でも、2か月後なら、経営者を育てる別の研修があるという。

半年待つか、2か月後の研修を受けるか、迷うところですが、毎日、お酒を飲んでいた人間を3週間もお酒をやめさせるだけの魅力のある研修とは、どんなものだろうか。

問題は2か月後の研修の金額でした。360万円かかるというのです。

タイミングの悪いことに、家を購入するための頭金を払ってしまい、生活費以外には、使えるお金が1円もない状態でした。

現金一括以外の支払いの方法を尋ねたら、41万5800円×10回の分割があるといいます。お金はなくても受講の衝動は抑えがたく、分割で申し込みました。結果的に、分割払いは正解でした。

ひと月1回の研修で41万5800円です。高いのもそうですが、研修自体も厳しいもので、60人くらいの参加者がいましたが、途中で半分くらいリタイアしていました。それを曲がりなりにもクリアできたのは、分割払いのおかげでした。

そのときの研修の内容が自分の営業のスタイルに大いに影響しています。おかげで、元を取るどころか、この研修で学んだことで、投資額の何十倍も利益を上げています。

1年間で900万円にもなったというのは、毎月の研修に加えて、年間500万円近くの研修旅行があったからです。実は、ロシアでミグ25に乗ることになるのも、この研修でのことでした。

——ミグ25でマッハ2・5の未知領域体験

私はロシアでミグ25に乗り、マッハ2・5の世界を体感しました。

前述の500万円の研修旅行の課題だったのです。

時速3000キロのスピードを体験したことのある人はなかなかいないのではないでしょうか。

ロシアでミグ25に乗るというのは、容易なことではありません。それなりの費用もかかります。しかも、旅行会社が募集して、お金を払えばできるというツアーがあるわけでもありません。

ロシアでミグ25に乗る、と決めたときから、まず、どのようなルートでそれにたどりつけるか、あらゆる人脈、情報を駆使して探求します。これを学びとして見ていました。

同時に費用として、どれくらいの予算を計上しなければならないか、ということも調べなければなりません。

そうした準備期間とともに、ミグ25に乗るための体力も用意しなければなりません。

マッハ2・5の体験はアッという間でしたが、多くの人が体験しないことを体験したことは大いに価値がありました。また、マッハ2・5という超音速の体験は、その後の私の身体にも少なからず影響をもたらしているでしょう。

マッハ2・5、時速3000キロといったらけた外れのスピードですから、どんなにすごいのかと思うでしょう。

しかし、正直に言うと実際にはすごいスピードという体験ではありませんでした。

マッハ2・5という未知のスピードに大いに期待したところはあります。しかし、ほとんど感じません。

スピードを感じたのは、滑走路から飛び立つまで。それと成層圏に向けて高度を上昇しているときは、相当重力がかかってきたのを感じました。かかる重力波は3・5Gといって、自分の体重の3倍の圧力がかかってくる感じで、

今では貴重なロシアのミグ25戦闘機

かなり圧倒されます。

それが、成層圏を超えると無重力になって、突然フワッと軽くなります。

いや、体が浮くというのでもありません。「無重力」の体感覚は貴重でした。

マッハ2・5というものすごいスピードの中にいると、今まで爆音だったエンジン音がまったく聞こえなくなるのです。

通常、音は空気の振動で四方八方に広がります。しかしマッハ空間では、後ろに飛ぶのです。そして、ピタッと音がなくなり無音になります。まったくの静寂に包まれる無音の世界になるのです。

やはり、実際に体験してみないとわからないことはあります。

このミグに搭乗して、マッハ2・5を体験することは、現在では残念ながら規制がか

実際にミグ25に乗り込みマッハ2・5を体験する著者

かっていて体験することはできません。

チャンスは、逃さずに、即実行してみることです。あとで後悔しないためにも。

ロシアでは、対テロ特殊部隊にも体験入隊しました。

そこでは、脳がどのように働いているのか、という脳神経プログラムの勉強をしてから、実体験のための訓練をするのです。

「脳が判断したことが、体にどのように影響するのか」ということを徹底的に研究して、対テロに備えるということなのです。

人間の脳の働きはずいぶん解明されていて理解しているつもりでも、高まる緊張中では本能的な動作が現れてしまうものです。

例えば、「足がすくむ」という現象があります。

1メートルの高さに丸太が50センチ間隔で並べられています。その上を銃を抱えたまま渡るのですが、横から空砲が鳴り響く中を進み、落ちると下には有刺鉄線が敷かれているので無傷ではいられないという緊張感のある状況でしたが、何とか渡り切りました。

その後、実射訓練でリアルに銃を撃つ衝撃を90分間に渡り味わい、すごく興奮しました。

それから、再び銃を抱えて丸太渡りをするのですが、空砲を打たれると、今度は身体が無意識に震えて一歩も進めなくなります。さっき同じことができたのに、できないのです。脳が実射の衝撃を覚えていて、その恐怖に足が一歩も前に出ていきません。

ＮＬＰ（神経言語プログラミング）という心理テクニック）などでよく言われる「脳は直前のことを覚えていて反応してしまう」ということを身をもって実証しました。

そのような経験は、普段の生活では、まずありえません。ところが、疑似体験で、銃の実射をしたところ、「これは疑似体験だ」とわかっているつもりでも脳が勝手に判断して、足がすくむのです。

これが「足がすくむ」ということなのかと、体感する貴重な経験をしました。

痛みを半減させる訓練というものがあります。

映画を観るときに、視点を変えるとまったく観え方が違ってきます。

主人公になり切って、感情移入して観る場合。ただ映画を観客として観る場合。映画を観ている自分を俯瞰的に第三者として観る場合。それぞれの視点を変えてイメージトレーニングを行います。明らかに視点を変えると、映画の観え方は、違ってきます。

これを痛みの訓練に応用するのです。

痛みを感じる自分。それを見ている自分。さらにその状況を俯瞰している自分と、それぞれをイメージしてみると、痛みの体感も違ってくるのです。

実際に足つぼマッサージを受けながら、このイメージトレーニングを行いました。単に足つぼマッサージを受けていると痛みで悲鳴を上げるほどですが、そんな自分を客観的に見ている自分をイメージすると、何と痛みが半減するのです。肉体的な反応を意識のコントロールによって変えられる感覚を味わえます。

特殊部隊の隊員たちは、いかなる拷問をされても、絶対に口を割らないために、日頃からこのような訓練をしているのです。肉体と意識を分離する訓練です。

―オーロラからビジネスヒント

アラスカでオーロラを見るのは、別に珍しいことではありません。

しかし、オーロラを見に行って、そこからビジネスにつながる価値を見出している人というのは、あまりいないのではないでしょうか。私は、どんな体験でも、投資した以上の価値を得るようにしています。

アラスカのオーロラというものは、行けば見られるというものではありません。ツアーで行ったけど、オーロラを見ることはできなかった、という話はよく聞きます。見られなくて、当たり前なのです。現地のツアーでは、夜の10時くらいに出発して、2時間かけてオーロラスポットに行きます。それから2時間そこに滞在して、2時間かけて帰ってくるという行程を組んでいるのですが、この滞在時間中にオーロラが出てくる可能性は、かなり低くなります。

バスには見物用のサンルーフがありますが、ガラス越しに見るオーロラは、肉眼で見るオーロラとずいぶん違っていて、くすんで見えます。また、わずかなオーロラだと、ガラス越しではほとんど見えないということです。

ですから現地で見張り番でも付けて監視していなければ、見ることは不可能といってもいいのです。

気温はマイナス35度。極寒の中で見張り役の人の限度は30分くらい。そこで、ツアー参加者全員が30分おきに交代して、オーロラが出るのを見張ることにしました。

こうした当番制にして、見張り番から「オーロラが見えた！」という報告が入ったら、全員で飛び出すというわけです。

チーム・オーロラを組んだことで、私たちのツアー参加者はオーロラを拝むことができました。

つまり、初めて会った人間同士でも、目的意識を持ってその実現のために協力することができれば、必ず目的は達成できるということなのです。

この考え方は、ビジネスにも生かせる、というのがアラスカ・ツアーでの大きな学びなのでした。

このアラスカ・ツアーにはおまけがありました。

帰国後、10年来の付き合いのある、なかなか契約にいたらないお客様がいました。そこで、このお客様にお会いして、アラスカ・ツアーのお話をさせていただきました。そしたら何と、10年越し

チーム・オーロラ参加者が見ることのできた景色

の契約の話が一発で契約となったのです。

私はこのとき、保険の話など一切していません。

そしてアラスカの話の最後に、こんなひとことを言っただけです。

「ところで、そろそろ決断の時じゃありませんか？」これで決まりです。

保険の内容も大事ですが、少なくとも私がついている限りでは、心配ないということをご理解いただいたのではないでしょうか。

——困難が教えてくれる、生きること

私は毎年、その年の1年間のテーマを決めています。

あるとき、このテーマを「自分が苦手な分野に挑戦する」と決めたことがあります。

私は短距離は得意ですが、長距離を走ることが苦手なので、ホノルルマラソンに挑戦すると決めて出場しました。もちろん完走できました。

また、パソコンが苦手なので、パソコン教室に通い、人並みにはパソコンを操作できるようになりました。

そして、その年、もう一つ挑戦したのが、アフリカの最高峰キリマンジャロに登ることでした。

標高5895メートル。山脈に属さない独立峰として世界最高峰を誇ります。相手にとって不足はありません。もちろん、事前に準備はおこたりなく行っていきましたが、相手が相手です。

5000メートルを超えると、まともに深呼吸ができなくなります。

4700メートルからアタックをかけるのですが、夜に出発することになりました。

真っ暗で先も見えない。酸素も薄くなって息苦しい。風は強く、気温は低くてとてつもなく寒い。おそらくマイナス15度から20度くらい。たいていの人は高山病に悩まされるといいます。

かなり過酷な条件。苦しくなかったといえば、ウソになります。

往復で80キロ。何と富士山の10倍以上の距離を登ることになります。

キリマンジャロ登頂で切実に実感したことは、人間にとって酸素が必要不可欠であるということです。酸素が不足すると、まず足にきます。足が前に進んでくれないのです。登るときは、とにかくゆっくりゆっくり登っていくことです。少しでもペースが乱れると肺がやられ、パニック状態に陥り、高山病になります。

3700メートルのところに高度順応する小屋があり、4200メートルまでゆっくり登って、高度に身体を慣らして戻ってくるのです。

その小屋で、別のパーティにいたスイス在住の商社マンの日本人が、具合が悪いと伏せっていましたが、翌朝には亡くなっていました。肺水腫だったそうです。

それを目撃した我々のパーティの人間もパニック状態になり、登頂を断念しました。高い山を登るというのは、それほど過酷なのです。

私たちのパーティには9人いましたが、登頂を許されたのは5人だけでした。体調が万全でないと、アタックの途中で動けなくなっても誰も助けることはできないからです。

水を飲んで酸素を感じるという不思議な体験をしました。

5000メートルを超えると酸素が半分以下（40パーセント）になるので呼吸が苦しくなるのはもちろんなのですが、動作がどうしてもスローになります。まるで水の中にいるかのようです。

そんなときに水を飲むと、頭が一瞬、スキッとします。何とも言えない爽快感を味わいます。これは地上では味わえない感覚でしょう。

6000メートルの酸素の薄いところから、だんだん降りていくときに驚いたことがあります。それは、登っていくときに体力をずいぶん奪われていたにもかかわらず、降りていくときは、自分でも驚くほど元気なのです。少しも息が切れず、楽々と走って降りていくことができるのです。

酸素の薄いところに身体が慣れていたのです。その順応性を身をもって実感しました。下山しても身体は軽く感じられ、その後1週間ほど疲れ知らずの状態でした。

こんな人間どもの苦戦をよそに、頂上での夜は明け

海抜5681メートルのキリマンジャロ

てきます。太陽が顔を出し、あたり一面に光が当たって、風景が浮かび上がってくると、もうその美しさは息を飲みます。それまでの苦しさが吹っ飛びました。

ケニヤ山が下に見えます。登頂したときの感動は格別です。

何事か大きなことを達成した充実感が全身にみなぎります。

生きていることの実感がわきます。

この1分1秒の命というものが、いかに尊いかを実感させられます。

地上におりたら、この尊い命を無駄に使わないぞ、という決意が湧き上がってきます。何か生まれ変わったような、ありがたい気持ちです。

キリマンジャロとは言いませんが、あなたも目の前の山に登ってみてはいかが。

第五章

江戸から長崎まで 1400キロ踏破

——江戸から長崎まで歩く

私は平成28年に、東京から長崎の1400キロの道のりを40日かけて歩き通しました。

このように一見、無謀のようなことを実行したのには理由《わけ》があります。

これは、私の帝王學の師匠である徳山揮純《とくやまきじゅん》先生のひとことでした。

「明治の志士たちは、当たり前のように江戸まで歩いた。坂本竜馬は6往復もした。しかし、現代人は誰も歩けなくなった」

この言葉を聞いたときに、私の中で何かが起こりました。

ただ歩くことなら誰でもできるでしょう。

1日100キロを歩くようなイベントもあります。

しかし、明治の志士たちは、楽しむために歩いたわけではありません。

明治維新という大事業を成功させるとの志を抱いて、交通機関の発達していない時代に歩いたのです。

私は人のやらないことをやるのが楽しみという性格をしています。

今、という時代に生きている天命を知るために歩こうと思いました。

もちろん体力もいります。そのために準備もしました。

さらに、社長が40日不在にしても、会社が問題なく運営されるように準備もしました。

私は、このイベントの実行に18か月の準備期間を持ちました。

社長の自分がいなくても会社がやっていけるような体質に会社を変えました。同時に自分も40日間の歩行に耐えうるだけの体力をつけなければなりません。そのために6か月の期間を使いました。

出張以外の時は、家から会社までを歩きました。土日の休日には、2日間で60〜70キロを歩きました。

計画を立て、そのための準備をし、そして実行する。これは当たり前のように思えますが、それなりの計画には、それなりの覚悟が必要です。

しかし、やると決め、その準備をし、実行する。それが困難であればあるほど、実行したときの達成感は言葉にできないくらいの感動があります。

この距離をひたすら歩きながら、さまざまな思いが私の脳裏を去来しました。

私は、明治の志士たちの念と重ねて歩くようにしました。

これから日本も世界も新しい時代を迎える。

これから日本は明治維新に匹敵するような、大きな変革の時代を迎えるのではないか、と思っています。

日本人には、「利他」という考えがあります。

自分よりは他人を優先する。自分や自分の家族さえ良ければいい、という小さなものではなく、それよりも大きなコミュニティというものに貢献する、という考えを美徳と

しました。

会社や地域、国を良くしたい、という志を持っています。

幕末の志士たちは、この国のために命をささげる志で動いていました。自分だの栄誉・栄達で生きる、というような小さな欲はありませんでした。

ですから自分さえ良ければいい、という発想は元来ありません。

昨今の日本のリーダーたちに蔓延している「今だけ、金だけ、自分だけ」という考えは、本来の日本人とはなじまない考えなのです。

日本の歴史を振り返ってみてください。

いつの時代も、大きな変革期を迎えると、「国を良くしたい、世界を良くしたい」という大きな欲、すなわち大欲を持って活躍した有名、無名の偉人たちが数多くいたことがわかるはずです。

―大義のために歩く

私の会社、「WADOウイングス」は、「日本の良いところを世界へ発信しよう」という志を立てて、私が起こした会社です。

先人がやっていたことを、具現化して検証する、これを本気でやるための会社です。

そのことを証明するためにも、この暴挙にも似た行動を実行しなければならないと決意したのです。

不可能と思われることでも、準備し、計画し、大義を立てて、実行すれば、必ず実現できるということを実証して見せたかったからに他なりません。

本当に世の中のために動いている人がいます。

本気で世の中を変えようとしている人がいます。その志は、幕末の志士たちにも通じるものがあります。今、私が動いているのは、会社のためでも、自分のためでもありません。もっと大きなもののために、自分のすべてをなげうっても、しなければならないことを行うのです。自分のためという小欲で生きていると力が出ません。しかし、自分を超えたもの、大義のために生きようと思うと、大きな力が出ます。大きなものの見方、ものの考え方ができるようになると、大きな力で動くことができるようになるのです。

東京から長崎の１４００キロの道のりを1日、30キロから40キロ歩きました。もちろん予定は組みましたが、横断歩道がなかなかなかったり、歩道橋を渡ったりと歩く距離は延びていきます。しかし40日間歩き続けて、止めようと思ったことは、一瞬たりともありませんでした。

ただ、歩く。何か大いなるもののために歩くということ。

坂本竜馬や吉田松陰が歩いた長崎街道を自分が歩いていることに感慨深いものがありました。彼らも江戸から1日32キロを歩いてきました。そして、自分もそれができています。ならば、彼らの志を私も引き受けられるのではないか、少なくともその決意だけはできるのではないか、ゴールを目前にして、私の心に去来したものがありました。

「自分のため」と考えた瞬間から、気持ちはどんどん弱くなっていきます。逆に「日本のため」と大義を掲げた瞬間から、どんどん力がみなぎってきます。もう逃げられません。ただ、突き進んでいくだけです。

40日かけて、1400キロ歩いたことに、どんな意味があるのだろう。それを考えるこ

と自体には、意味がありませんし、別に冒険家になりたいわけではありません。

一貫して私は、「誰もやっていないこと」をやってみたい、「人が難しいと思うことをやってみたい」という性格が、それをさせているのだと思います。

先人たちが当たり前にやっていたことで、現代人がやらなくなったことに挑戦したい、というのがモチベーションでした。退化した日本人が失ってしまったものを取り戻したい。日本人の精神性を取り戻すことが、この旅の根底にあるテーマだったのです。

いつの時代でも若者は、日本の宝です。新しい時代は、若者が作っていきます。先人たちが私たちに残してくれたものを、私も後世に伝えていく義務があります。

そして、私の命がある限り、日本という国の良さを若者に伝えていきたいと願っています。日本人としての誇りを取り戻してもらうためにも、尽力していく所存です。

――目標設定すること

世界は刻々と変化していて、どうなっていくのか予想がつきません。まして、世の中をコントロールできるわけでもないので、未来とは予測不可能ということです。それを前提とするなら、どんな目標設定をしても、それがいかに素晴らしかろうと、リアリティがありません。

新型コロナウイルスが世界的に蔓延したからといって、慌てる必要はなく、私は、ウイルスが広がっても、何も変えませんでした。マスクも一切しませんでした。何の意味もないものを後生大事につけている日本人は異常です。リアルの懇親会の開催をリモートにしたこともありませんし、開催を中止したこともありません。

新型コロナのパンデミックのあおりを受けて、多くの飲食店が営業を断念したり、営業時間の短縮を余儀なくされていました。

いつも使っている焼き鳥屋さんも例外ではありませんでしたが、休みになってしまったのなら会社に呼べばいいだけです。

こちらの焼き鳥屋さんは、新型コロナのために営業を自粛していました。そこで、このお店に頼んで、会社に出張していただきました。

会社の壁にお品書きを貼ってもらい、ビールサーバーも用意していただき、焼き鳥用のロースターを持ち込んでもらい、その場で焼いてもらいました。

すっかり焼き鳥屋さんの雰囲気で、参加者全員楽しめました。何よりも焼き鳥屋の店主さんが大変喜んでくださり、「世の中がコロナで大変なときに営業させてくれた、ありがとうございます」と感謝されました。


何ごとも不可能と思ったら終わり。そう思った瞬間から何もできなくなるのです。人や世の中の動きに左右されていたら、いつでも自分以外のものに左右されるだけです。

だから、ゴール設定では、その逆をいけばいいのです。自分がこうやろうと決めたならば、それを貫き通せばいいのです。自分で貫き通すという気持ちを捨てない限り、結果はどうであれ、何でもできるのです。

新型コロナウイルスを恐れて外に出ないことのほうが、私は危ないと思っています。オンラインで仕事ができることから、リモートワークを推奨する会社が増えています。しかし、私はこのほうがよっぽど危ないと思っています。

一見、よさそうに見えますが、これには大きな落とし穴があることに多くの人は気がついていないのです。リモートワークが進めば、会社への愛着や忠誠心が薄れてきます。多くの社員がリモートで運営する会社は、社員の雇用が難しくなると思います。

目標設定しようとしたとき、まず、その時点での自分の心の状態がどのようであるか、を確認してください。本当にやろうという気持ちがあるのか。人に言われたからやるのか。それによって、結果はまったく違ってきます。そこを冷静にみてください。

言われたことをやるのは目標ではありません。とにかく自分で決めることです。たとえ、言われたことであっても、それを本当に自分でやろう、と決めているかどうかです。

そして、何のために目標を設定したか。その理由もしっかり理解してください。なぜやるのか、自分の中で腑に落ちていることが大切です。

目標は一つに絞り、それを達成するためには、今の自分には何が欠けているかを明確にすることです。そして目標が設定できたら、あとは逆算して、今やるべきことは何かを考え、それをただひたすら実行することです。

――どんな体験も生きた知恵となる

　私はどんな失敗もそこから何らかの教訓を得ることができるならば、それは無駄ではないと考えています。

　逆にいくら頭の中に知識がいっぱい詰まっていたとしても、それが体験を通して自分のものとなっていなければ、所詮それは借り物です。いかに高邁《こうまい》な理想を掲げ、膨大な知識を所有していようとも、一つの体験、それも失敗の体験であっても、それに劣るものではないのです。

　頭の中の知識は忘れられていきます。まして、年をとって認知機能が劣化してくれば、頭の中の知識は消滅してしまいます。

　しかし、身体で覚えたことというのは、たとえ認知機能が衰えようとも、自分のものとして生き続けるのです。

　私が江戸から長崎までの１４００キロを歩くという計画を聞いて、社員たちが気をきかせてくれ、私の足にピッタリのシューズをプレゼントしてくれました。

私は嬉しくて、その場で履いて見せました。ピッタリとしてとても履き心地が良かったので、社員たちにお礼を言いました。そのスニーカーを履いて、いざ長崎へと歩き始めた頃は、中にクッションもあり、とても歩きやすいもので、「これは調子よく歩けるぞ」と足取りも軽く歩いていました。

ところが何十キロも歩いていると、足が膨張してくるためか、ジャストフィットの靴は、当然のごとく、きつくなってきます。しかも雨の中を歩いて、翌日のために夜、ドライヤーで乾かすと最悪の結果になり、シューズが縮んで足の指が痛くて歩けなくなるのです。小指が悲鳴を挙げて黒く変色してしまうほどです。

足のサイズは、朝と夕方で違います。だから靴を買うのは、午前中ではなく、夕方以降がいい、というのを聞いたことがあるのを思い出しました。そう、足のサイズは変わるのです。それが多少きついくらいなら我慢できます。せっかく社員から贈られた大切な靴ですから、粗末にはできません。

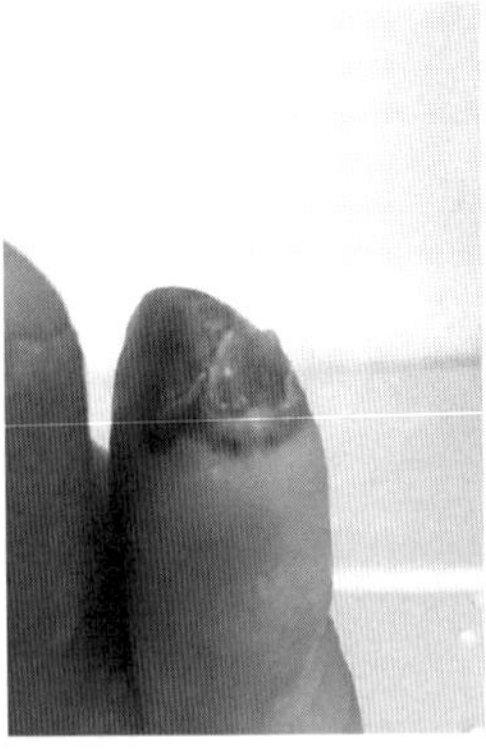

右足の小指が黒く変色

しかし、足がかなり膨らんできたために、どうにも耐えがたい痛みに変わり、一歩一歩の歩行が拷問に等しいものになりました。

たまらなくなり、ちょうど目に入った100円均一ショップでスリッパを購入して履き替えました。そのときの解放感は忘れられません。スポーツ用品店を見つけるまで、そのままスリッパで歩きました。新しいシューズは1センチ大きいものを選び、履き方も変えました。

日常であれば何も問題がないことでも、特別なシチュエーションでは通用しないということを学びました。

問題は靴だけではありません。

何も考えずに普段履いている靴下を履いていました。靴下もまた、普段であれば問題ないのですが、長時間履いていると靴ズレならぬ靴下ズレを起こしてしまうのです。靴下がズレるたびに、靴を脱いで履き直すのですが、しばらくするとまたズレてしまい、難儀しました。そこで、町中にあるスポーツ用品店に飛び込んで、登山用の靴下を手に入れて履き替えました。ありがたいことに登山用の靴下だと長時間歩いても、少しもズレてしまうことはなく、足首にピッタリとフィットして、実に快適に歩行することができました。

やはり、特殊なことを行うときには、それに合ったものを用意しなければいけない、ということなのでしょう。

逆のことがリュックサックにありました。

リュックサックは、大量の荷物を運べるように登山用のリュックサックを選んで用意しました。

ところが、単に多くの荷物が入っても型崩れしないようにガッチリと作ってあるだけではなかったのです。この登山用のリュックサックは、傾斜した山道を長時間歩くときに身体の負担を軽減するようにできています。ところが平地ではこれが裏目に出るのです。

そのことに気づいたのは、やはり何十キロも歩いているときでした。40日分を詰め込んだ大きなリュックの重量がもろに腰にかかってくるのです。腰が痛くてたまりません。

仕方ないので、新しい小さなリュックを買い、2日分の荷物だけを詰めて歩き、大きなリュックは先の宿に送ることにして、腰の負担を少しでも軽減するようにしました。

何十キロも見慣れた日本の平地を歩いていると、思わぬ発見もあります。

長い距離を歩いていれば、当然のごとく疲れてきて、歩行もだんだんおぼつかなくなってきます。すると、道の微妙な変化に気づいてくるのです。

安全を考えて舗装された平らな道を歩いていくのですが、見た目には平らに見える道でも微妙に傾斜しているのです。たぶん足の悪いご老人なら躓《つまづ》いてしまうかもしれません。どうも舗装された歩道の多くは、車道側に微妙に傾斜しているようです。

東京から長崎まで歩くのに、どの地域でも舗装された歩道を歩くようにしていましたが、おおむね歩道は車道側に傾斜していました。三重県内の歩道などは、草ぼうぼうで整地されていないので歩きづらかったですが、神戸、広島、山口県内の歩道は、きれいに整備されていて平らで、とても歩きやすかったのが印象的でした。

また、ウェアについても発見がありました。

それほど気温が高くなくても、長時間歩いているとたくさんの汗をかきます。当初は何も考えずに普段着ているウェアをつけていましたが、大量の汗を吸収して、ぐっしょりとなります。その汗が気化熱によって急激に温度が下がり、体温を奪っていきます。

長時間歩いて疲れたところで、気化熱の原理で熱をもっていかれるとともに、夕方には汗が乾いたところに気温が下がるため、低体温症になってしまうほどでした。

そこでスポーツ選手が着用するスポーツウェア仕立ての乾燥の早いアンダーウェアを調達してからは、着替えたら汗はすぐに乾燥するので、快適に歩くことができました。

雨の対策には難儀しました。

雨が降ったら合羽を着るのですが、降ったり止んだりしているうちに、合羽の中は蒸れてしまい、服がぐっしょりとなり、冷えてくると気化熱で体温が奪われてしまうのです。これはバカにできません。夏でも気化熱で低体温症になってしまい、ひどいときには死にいたることもあるそうです。

特殊部隊の人に教えてもらったのですが、夏は汗をかいてもいいが、冬は汗をかかない工夫をするそうです。冬に山登りするときはできる限り薄着で登り、いかに汗をかかないかという点に注意するそうです。汗をかくと低体温症になってしまうからです。

発汗性のあるウェアというのは、命を守るためでもあることを教えられました。

このように体験、体感でいろいろと学ぶ点があるものです。

改めて自分の身の回りにも、さまざまな工夫がほどこされていることを発見する旅でもありました。

──本気で応援するということ

私の交友関係は、営業時代よりもかなり広くなりました。

とにかくさまざまなレベルの情報を得るためにたくさんの人と会い、本物と思われる人たちと交流を深めるようにしているからです。

この広い交友関係の中で、少々珍しいのが格闘系の人たちとの交流です。

武道、プロレス、ボクシング、総合格闘技など、さまざまなジャンルの格闘技の選手たちと交流しています。

その中で、現在、とても可愛がっているボクサーがいます。

ミドル級の選手で、名前は帝尊康輝《たいそんこうき》といいます。

ミドル級は上から五番目に重い階級で、全階級でも最も激しい階級です。世界的にも強豪が最も激しく争う階級と言われています。日本人でこのクラスで有名なのは、ロンドンオリンピックで金メダルをとり、プロに転向してＷＢＡ世界王者になった村田涼太《むらたりょうた》選手でしょう。

帝尊《たいそん》も素質に恵まれた有望な選手で、現在は初代日本スーパーミドル級チャンピオンです。今も順調に勝ち進んで、将来は世界で闘うことを目指して奮闘中です。

彼は188センチという大型ボクサーで、100キロ強の体重があります。そのため試合前には、どうしても減量しなければなりません。

私は彼を応援しています。言葉で「頑張れ」というのは簡単ですが、それでは、私が本気で応援していることを示すことができません。

そこで、私は彼が試合前に減量するときに、私も一緒に減量するのです。

食事を摂らないのは当然として、水分も制限します。水を摂らないと危険ではありますが、医師と相談しながら水分をギリギリまで制限します。あたかも洗濯機の脱水機にかけられた洗濯物よろしく、自分の体をカラカラに干からびさせるのです。

私は減量をして、カラカラに干からびた状態でも仕事は休みません。いつもと変わらずに塾生を指導します。さまざまな相談事を持ってきますので、その相談にも乗ります。

塾生や参加者と会食する機会があれば、私も参加します。ただし、私はみんなが食事を楽しむのを見ているだけで、何も口にしません。これはかなりの苦行です。

私はふだんの体重は80キロほどです。しかし、減量を始めると、だいたい1か月で75キロくらいまでに落とします。

ここまではわりと簡単ですが、ここからさらに体重を落としていくのは、よほど真剣にやらないと、なかなか落ちません。そのため減量にプラスして、運動の時間も増やし、まさしくボクサーの減量メニューと同じことをやるのです。

私が目標としているのは、68・8キロです。普段の体重から短期間で約12キロ減量するのです。帝尊の試合前日に計量して、目標をクリアし、68・7キロを達成しました。

食事を抜き、水を抜き、とにかく体のいらないものはそぎ落とす、という感じです。しかし、筋肉を落とすわけにはいきませんので、この状態でも運動をします。

最後は、まるでマラソンランナーのようにげっそりとなり、ちょっと危ない状態でした。計量でOKが出たら、ゆっくりと水を補給します。すると、翌日には3キロ戻ります。プロボクサーは計量の翌日には5〜8キロ戻るそうです。だから試合に臨むことができるのです。

帝尊は100キロあるプロボクサーです。それが試合前は、激しいトレーニングを重ねて、だいたい85キロくらいに絞ります。そこから減量を始めて72キロにします。その帝尊の減量に付き合って、私も減量していくのです。

なんでそんなことをするのか、と人に聞かれることがあります。

それは、ひとことで言えば、弟子である帝尊を本気で応援する意志を示したい、ということです。また、そのことをみんなの前で言って、有言実行で自分を追い込み、その結果を塾生のみんなに示す。これが教育です。

口でいいことを言うより、はるかに心に響きます。


試合後、帝尊から聞いた話です。

「応援してくれる人はたくさんいますが、林先生みたいなことをする人は初めてです」と驚嘆していました。

帝尊が「よし、戦うぞ」とリングに臨んだとき、ふと見るとげっそりやせた私がリングサイドに座っているのに、驚いたといいます。

「林先生の、あまりに変わりはてた姿に本当に驚きました。でも、それだけ私を応援してくれているという気持ちが伝わり、ほんとうに嬉しかったです」

との感想をもらい、私も嬉しかったです。

これは危険ですから、絶対にマネしないでください。減量はダイエットとは違います。内臓などに大きな負担を強いります。体にはよくないですが、ただ、精神をきたえる方法としては面白いと思います。

―プロレスラーと練習体験

弟子たちを連れて、プロレスラーと一緒に練習をさせてもらうことがあります。プロレスジムでプロレスラーと一緒に基礎練習をさせてもらうのです。

まず、スクワットから始めます。

スクワットを100回もやると、ふだん鍛えてないと苦しくなります。プロレスラーは、平気で100回をやると、200回も平気な顔をしてやっています。

ところが若い弟子たちは、200回も過ぎるとだんだん苦しくなって、うめき声を漏らしたりしています。一体、何回やるのか不安になります。300回になり、400回になり、弟子たちは次々に脱落していきます。

1000回を超える頃には、連れて行った弟子たちは全員、ギブアップしています。しかし、プロレスラーの人たちは、1000回を過ぎても平気な顔をしてスクワットをしています。

日頃から彼らがいかに過酷な練習をしているかということをうかがわせます。

練習を終えた弟子たちに感想を聞くと、みな一様に言うには、「いったい何回スクワットをやるのかわからないのが、一番つらかった」ということです。

これは、人生と一緒です。目標がないと人は不安になり、長続きしません。

何事もゴールを設定しないと、つらくて耐えることができません。

逆に適切なゴール設定、目標設定があると、それを目指して頑張れるのです。

「ゴール設定しないでものごとを進めるのはつらい」ということを弟子たちは、頭ではなく、体で理解できたはずです。

第六章

時短と念じる心

──倍速でビデオを見る「時短」の時代

最近の若い人たちは、ビデオを倍速で観賞しているといいます。

情報化社会といわれて久しい今日、情報はあふれかえっています。なんでも今の10歳の子どもの知識量は、50年前の70歳の持つ知識量を凌駕《りょうが》するといわれています。

若い人は多くの情報を集めようとして、時間を効率的に使えるように「時短」を重視していると聞きます。

ところで、彼らは時短してできた時間で何をやっているのでしょうか。

友達と遊びに行く、好きな人とデートする、友達と食事に行くなど、多くは遊興にあてられているようです。

できた時間で資格を取る勉強をする、語学を習得する、現代哲学の勉強にあてる、ボランティアで被災地に入るなど、というのであればよいのですが……。

ある大学生の塾生に「なぜ、時短でドラマや映画を見るの？」と聞いたことがあります。すると、「友だちと情報を共有したいから」という言葉が返ってきました。

友人たちとの話についていけるように、話題のドラマや映画などはもれなく時短でストーリーを把握しておくのだそうです。友だちと話題を共有するためです。それだけ若い人たちには、友だちが大事なのでしょうか。

膨大な情報を手軽にとれる便利な世の中ですが、情報の波にうまく乗れずに、多くはその波におぼれて迷いを生じている、とも聞いています。

倍速で映画や動画などを見るのと、通常の速度でじっくり見るのとでは、理解が大きく違ってきます。「時短」では、どうもモノを考える時間がスポイルされてしまう感じがします。とくに倍速で映画作品を見ることには、私はとても抵抗があります。

たとえば「シックスセンス」を見た

「シックスセンス」は、１９９９年に公開された映画です。「ダイハード」で一世を風靡したブルース・ウィリスが主演。不思議な能力を持つ少年には、「フォレスト・ガンプ一期一会」や「ＡＩ」で好演したハーレイ・ジョエル・オスメントが助演している、ホラー映画に区分される作品です。

冒頭でブルース・ウィリスが「この映画にはある秘密があります。まだ映画を見ていない人には、決して話さないでください」と前置きをして、公開当時、話題になっています。

あらすじは、ざっと次の通りです。

ブルース・ウィリス演じる小児精神科医マルコム・クロウは、10年前にカウンセリングした青年に「自分を救ってくれなかった」となじられ、銃で撃たれてしまう。青年はその直後、自殺してしまう。

それから1年後、マルコムは妻から無視される日々が続き、苦悩と悲しみに暮れている。そんな中、マルコムは死者が見える「第六感（霊感）」の能力を持つ少年コールに出会う。周りから異端児扱いされるコールを救うためにマルコムは奔走する。コールは少女の霊に出会って、死者たちが自分の満たされぬ思いを癒してほしいために自分の前に現れることを理解し、そのことを母親に打ち明ける。

妻との関係に悩んでいるマルコムは、「妻が寝ているうちに話しかける」というコールの助言を実行したとき、妻の寝言を聞いて驚愕する。自分はすでに死んだ存在であった。

ブルース・ウィリスが冒頭に言った「ある秘密」とは、マルコムが死者であり、唯一コールにだけその姿が見えているということでした。

この映画を倍速で「ホラー映画」として見たら、死者は自分が死んでいることを自覚せずに、行動していたというオチに驚かされるだけです。


しかし、映画というものは、実際に公開された映像時間の何十倍もの膨大な時間カメラを回し、必要ギリギリまでフィルムをカットして編集し、公開します。1分1秒の無駄もなくつなぎ合わされています。そして、そこに込められたテーマも重層的で、見る者のレベルによって、映画に込められたメッセージが受け取れるようになっています。

この映画も「ホラー映画」の枠で鑑賞するのは、何とももったいないことです。

そもそも〝シックスセンス〟というのは、日本語で「第六感」と訳されます。つまり、私たちの肉体が持つ五感（眼・耳・鼻・舌・触覚）を超えた第六番目の感覚を磨くことで、肉眼では見えない、異次元の世界を垣間見ることができるということです。

古来、我が国の修験道では、精神修養として六根清浄といって、人間に備わった六根を清らかにすることを目指します。五感と意識の根幹を清浄にするために、見ない、聞かない、嗅がない、味わわない、触れない、感じないために、俗世間との接触を断つことを行います。

また仏教では、人間の感覚と心についてさらに深く考察し、世親などが「唯識」という理論を展開していることは広く知られています。フロイトが定義した「無意識」も遥か昔に「阿頼耶識《あらやしき》」という概念で第六感と人の心を論じています。

病気のメカニズムは、文字が示すとおり、まず気が病み、それが時間の経過とともに肉体に発現してくるということです。東洋医学では、見えない心（霊気）の働きが肉体に影響を及ぼしていることを体系化しています。

したがって、肉体に現れた症状に対応する現代医学の対症療法では、病気を根本から治療できないのでは、といわれています。

主人公の医師、マルコムが患者に射殺されるところから始まる本作では、現代の医療の限界にスポットを当て、心を探求する神秘思想の中に心身の密接なシステムという新しい医療の可能性を示唆しています。

精神科医である主人公は、自分が死んでから（本人はまだ自分が死んでいることに気づいていない）、自分の患者である病気の治療に、自分が学んできた心理学程度の知識では到底治療できず、本当の原因が霊的な、目に見えない世界にあることを知らされるのです。

主人公はすでに肉体を失っているのに、そのことに気づかず、霊的な存在としてあります。つまり私たちは、三次元において肉体的存在であるとともに、別次元において、エーテル体やアストラル体として、見えない身体も同時にもっているということです。たとえ三次元における肉体を失っても、別次元の見えない身体を持って、生前と同じ感覚で存在していることを知らされます。

キリスト教では、輪廻転生を認めていませんから、肉体を失っても、別次元で存在できることを示すということは、かなり画期的なことなのです。

映画で表現されている世界は、多層構造になっている霊界でも、第六感（シックスセンス）レベルで交信できる低級な幽界（四次元）を表しています。もっと霊界には、第七意識、第八意識、第九意識という高級霊界が存在するのですが、本稿の扱う範囲を外れますので、その説明は割愛します。

いずれにしろ世界は、目に見える三次元の現実世界ばかりでなく、この世とあの世、肉体と精神、身体と心は陰陽（表裏一体）ということです。

何ごとにも目を凝らすことで、深いレベルのメッセージを受け取ることができます。

決して「時短」では、垣間見ることのできない世界があるのです。

これはなにも映画に限りません。

現在、テレビで放映されている作品についても、「時短」では見えない世界が、じっくり見ることによって見えてくるものです。

――念とは何か

このように、元来、日本人は目に見えないものに価値をおいてきました。どういうことかというと、空間や時間に関しては「間」や「結界」など、目に見えない世界にも自由に行き来していたのです。

「念」もその一つで、すごいパワーを発揮するのです。

「念」とは、人間の心のことです。意識といってもいいと思いますが、少しニュアンスが違います。意識に強い思いを乗せたものが「念」に近いと思います。

私は常にこの「念」によって、世界も、私自身も変化し続けているのだと感じています。

人間の念の力はすごい、ということをちょっとしたことでも感じることができます。

近頃では、仏壇のない家も珍しくありませんが、私は毎朝、仏壇に手を合わせています。家の宗派は真言宗で、正面に大日如来の掛け軸があります。

今では仏壇のない家も多いので、手近にお線香がないという方も少なくないかもしれません。たまたま気づいた実験で、お線香を二つに折ってどちらが先に燃え尽きるかということなのですが、改めて人間の念の力は侮《あなど》れないと思わせられました。

実に簡単な実験なので、興味がある方はやって見られることをお勧めします。

お線香を手で折り、2本にしてお香台に差します。だいたい、きれいに真ん中から半分には折れませんので、長いのと短いのに分かれてしまいます。この2本のお線香に同時に火を点けます。ふつうに考えれば、短いほうのお線香が早く灰になるはずです。

ところが、この長さの違うお線香をお香台に差して、真剣に「般若心経」を唱えていると、不思議なことに、この長さの違うお線香が同時に燃え尽きるのです。

「般若心経」を唱えないで、長さの違う2本のお線香を観察すると、短いほうが早く灰になります。これは当然のことです。

ところが何度やっても、「般若心経」を唱えたときだけは、長さの違う2本のお線香が同時に燃え尽き灰になるのです。家族に体験してもらっても、やはり同時に灰になります。

そこで、知り合いで家に仏壇のある人に、この実験をやってもらったところ、やはり同じ結果となったと驚いていました。

どういう理屈で、そうなるのかはわかりませんが、私は人間の「念の力」が働いているのではないかと思わざるをえません。世の中には科学では解明できない法則（なぜだかわからないがそうなる現象）が数多くあります。

誰もが神や仏に祈ることはするでしょう。しかし、「念」はちょっと違います。

「念」の力は、私たち日本人の中に潜むミラクルパワーではないかと思います。

この「念じる力」によって奇跡を起こした人が私の近くにおられますので、ご紹介いたします。

志誠塾の塾生、26歳の上野祐貴くんです。

彼は細身ですが、全身筋肉のようなアスリートで、元々はキックボクシングの選手です。

まだ日本ではなじみのない「スパルタンレース」の選手としても活躍しました。

「スパルタンレース」とは、3マイル以上の距離を走り、2、30のタフな障害物を肉体のみで乗り越えてゴールを目指す障害物レースで、米国、カナダ、ヨーロッパなど40か国で開催されています。障害物競走の規模を大きくした苛酷なレースです。

こんな競技を選んでトライしているくらいですから、上野君は体力には自信があります。その彼が、ある日、身体の不具合を感じて病院で検査してもらったところ、脳腫瘍におかされていることがわかりました。

すぐに外科手術を行いましたが、どうしてもメスを入れられない部位にまで腫瘍は広がり、その部位を残して縫合しました。そして、医師から告げられたのは、「余命1年6か月」という冷酷な言葉でした。

普通なら、医師の余命宣告で落ち込むでしょう。しかし上野くんは、志誠學で熱心に学んでいる人間です。志誠學では、さまざまなことを学び、座学ではなく、学んだことを身体に落とし込み、ひいては魂を磨くことを常に怠りなくやっています。

「余命宣告は、日頃の学びの成果を知るいい機会だ」と考えたと、上野君は後日、語っていました。

彼は少しもへこたれませんでした。自分がこれまで学んだことを世の中のために役立てる機会もないまま死ぬわけにはいかない、と思っていました。

自分はまだやるべきことがあるので、今、死ぬわけにいかない、と強く念じていたのです。しかし、現代医学では手の施しようのない状態の疾患を治す手だてはあるものなのか。とにかく、上野君は、自分は今死ぬわけにはいかない、自分にはまだまだやらなければならないことがあるので、何とか命を永らえさせてほしい、と強く念じました。

すると、不思議なことに、運命的な1冊の本に出会うのです。

まさしく、上野君が探していた人物について書かれた書籍です。

その著者は医者や医療関係者ではありません。会社の経営者です。その経営者が、末期がん患者を救う治療法を普及させたのです。

これには、ものすごいドラマがありました。

——結婚した翌年、生まれた女の子は、生後3か月で白血病を宣告されました。しかも余命は2、3日。そこで、骨髄移植することとなり、母親の骨髄を移植してもらい延命することができました。しかし、その1年後、今度は肺炎によって身まかることとなりました。

著者は、この娘の闘病のために病院に付きっきりとなり、経営していた複数の会社は業績が悪化し、娘の死去のときには、いずれの会社も手の打ちようのない状態に陥り、いずれも倒産の憂き目に遭いました。

著者は、娘の死だけでなく、会社も失い、生活の基盤をすべて失ってしまったのです。

生活を立て直すとともに、がんについて猛烈な勉強を開始しました。

自分と同じような悲しい思いをしなくても済むように、文字通り死に物狂いに研究開発を続けました。

生活もおぼつかないような状況での開発ですから、いかに過酷な研究であるのかは、容易に想像できます。

そのような中で、がん治療に効果的なヨウ素との出会いがありました。

お嬢さんを亡くし、会社の倒産から5年の歳月が流れた頃、ヨウ素によるがん治療を研究している方と出会ったのです。

ヨウ素がさまざまな疾患に効果があることは、１００年以上前から知られていました。

しかし、そんな優れものが、なぜ現在知られていないのか。

実は、ヨウ素は劇薬なのです。ほんの少しの量でも致死量に達するという、危険な素材なのです。

　そこで、危なくないようにヨウ素を薄めます。すると、当然のごとく、その治癒効果も薄れてしまいます。

　そこで、ヨウ素の毒性のみをなくし、治癒効果はそのままにするという極めて難しい研究が、世界中の研究者の手によって続けられました。しかし、なかなか成果は現れません。

　そのような研究が成果を挙げない時代が続く中で、ついにヨウ素の無毒化に成功したのが、日本人研究者の佐藤一善博士でした。

　佐藤博士の研究はアメリカで行われていましたが、無毒化に成功した後は、濃度を上げて無毒化したヨウ素製剤をがん治療に使い始めました。

　著者が佐藤博士のことを知ったのは、お嬢さんの七回忌が過ぎた頃でした。しかし、そのときには、すでに佐藤博士は亡くなっていました。

　せっかく、ヨウ素製剤ががん治療で実用化した端緒に開発者は亡くなっていたのです。

　著者は、このままでは、せっかくのヨウ素製剤を使ったがん治療が、この世から消えてしまう、との危機感を抱きました。

　そこで、がん治療の研究を続けながら、いくつかのビジネスを立ち上げ、いずれも採算ベースに乗っていたそれらをすべて売却し、その資金で佐藤博士の意志を引き継ぎ、独自に研究を進められたそうです。

そして、「世の中から病を少なく」「これ（ヨウ素製剤）を届ける」と天国にいるお嬢さんに誓ったそうです。

ヨウ素自体は危険な劇薬ですが、これをコロイド（微粒子）化すると、無毒化できるそうです――。


それでは、どうしてヨウ素が、がん治療に効果的なのか。

無毒化して体内に取り入れられたヨウ素は、甲状腺に蓄積されますが、甲状腺以外の臓器はヨウ素を必要としないので、吸収されなかったヨウ素は体外に排出されます。

ところが、がんのような異常細胞は、ヨウ素を積極的に取り込みます。するとがん細胞に吸収されたヨウ素は分解されて、本来持っていた毒性を発揮して、がん細胞を破壊してしまうそうです。

その後は、細胞のタンパク質などと結合して無害化し、体外に排出されるとのことです。

このようなメカニズムによって、コロイド化ヨウ素はがん治療に卓効を発揮するのです。

この本の中には、「コロイド化ヨウ素」を利用した治療によって、末期がんから生還した話が書かれています。

もちろん現代医学が認めていない治療法ですから、それなりの覚悟は必要です。

しかし、現代医学から見放されていた上野君には、この治療法に賭けるだけの気持ちが固まっていました。

彼は、「この治療に賭けてみる」と明言しました。

「この治療を受ければ治る気がする」とも言っていました。


上野くんは地元に帰ると、コロイド化ヨウ素と、おばあちゃんが作ってくれる自然素材を使った手料理と昔ながらの味噌汁、それに岩塩を摂り、岩塩風呂に入るという生活を続けました。

しばらくすると、何か腹の底から、それまで感じたことのない力が湧いてくるような感じがあったといいます。

上野君が脳腫瘍と戦っているという話を聞いた塾生たちは、上野君の全快を祈って、念じたエネルギーを送りました。そのような生活を送ること3か月。

検査のために東京の病院に行って、ＭＲＩ（核磁気共鳴画像法）という強い磁石と電磁波を利用して人体の断面を画像表示する検査で、脳の断面を撮影したところ、腫瘍が３か月前よりも明らかに小さくなっています。

奇跡は起きたのです。

この３か月の治療によって、西洋医学が手術不能とした腫瘍が退縮しているのです。

現代の科学の限界を念じる心のパワーが乗り越えたのです。

彼の生きたいとの思いを込めた念じる力が通じたのか、私と塾生が一丸となって「上野君の回復を祈る」念の力が通じたのか、いずれにしろ彼の腫瘍は退縮したのです。

彼も私も塾生も、念じる力と腫瘍の退縮は、明らかに相関関係があると思っています。

これまで行ったことを継続することをみんなで確認しました。

結果が出たことにより自分たちがやっていたことは間違っていなかった、という確信に変わり、ますます力が入ります。

すると、腫瘍はどんどん小さくなっていきました。

生命の危機が去り、念じることで状況はさらに良くなっていきます。

こうして、腫瘍はみるみる小さくなり、ＣＴ画像で見る限りは、腫瘍のあったところがポカッと消え去っているのです。現代医学ではメスが入れられないと判断された箇所の腫瘍が、きれいになくなっていました。

上野君は、コロイド化ヨウ素という一般にはなじみのないものが、腫瘍を消してくれたと100パーセント信じています。

ちなみにコロイド化ヨウ素でがん細胞を消すというマウスを使った実験では、100パーセントがん細胞が消滅した、という結果が出ています。

この実験を人間で行った場合では、成功率は70パーセントです。

みなさん、これは何を意味していると思いますか。

マウスでは100パーセントだけど、人間では70パーセント。がん細胞は消滅すると信じられない30パーセントの人がいるのだと解釈できないでしょうか。

疑ってかかれば、いい結果は得られないのです。

「信じる」ことは、現実を大きく左右します。

たとえ100パーセントの結果を出すものであっても、そのことを信じられない人間が行った場合には、その有効性が発揮されない、ということがありえるのです。

以前、上野君が、どうしたら自信がつくのだろう、と悩んでた時期がありました。

そのとき、「自信とは文字通り、自分を100パーセント信じることだ。自分が信じなくて、誰が信じてくれるというのだ」という私の講義を聞いて、腑に落ちたと彼は言ってくれました。口で言うのは容易ですが、腹の底から自分を信じるのはなかなか難しいものです。

ただ、頭で「自分を信じる」といっても、なかなか自信につながることはありません。

そこで、私は塾生にさまざまな体験をさせます。

自分には難しいと思われたことを達成すると、それが本物の自信となって自分の中に生まれます。何でも自分でやってみて、達成感を体験し「自信」をつけていくのです。

実際、私の中にある確固とした自信は、さまざまな体験に裏打ちされています。だからこそ塾生たちに、座学とともに、できる限り普段味わえないさまざまな体験ができるチャンスを与えているのです。

上野君は、「自分の言ったことができる」というのは、自分にとっての宝物だ、と言っています。私の伝えたいことがしっかり彼のものになっています。

いずれにしろ、信じることはすごいことです。

信じて念ずることが「信念」となります。

まず、自分を信じることから始まります。自分を信じられない人間は、他人を信じることなどできません。

自分を信じている人間だからこそ、他人を信じることができるのです。

自分を信じる人は、よく「お人よし」と言われます。すぐに人を信じてしまうからです。

仮にそのために人に騙《だま》されてもいいのです。そうであっても自分を信じることは大切だからです。

人を疑えば、騙されることはありません。しかし、誰も信じられない、というのは、何ともさびしい人生ではありませんか。

よく自信満々の人で、他人をまったく信じない人がいます。そんな人は、本当に自分を信じていないのです。それは自信ではなく、ただの虚勢にすぎないのです。

私の死んだ父親によく、

「人のことは絶対に騙しちゃいけないよ」

「人を裏切ってはいけない」

また、

「人に騙されるくらいの男になれ。それくらいの甲斐性を持て！」

と言われたものです。

そのおかげで、結構騙されていますが、別に恨んだり、怒ったりはしていません。

父親が言いたかったのは、「自分を信じて、人のことを信じる」ということです。これは大きな教訓となって、私の心にしっかりと入っています。

このことは、ビジネスシーンにおいても通じることなのです。

私は、何度も塾生に、ビジネスはテクニックだけでは成功しない、と言っています。仮にテクニックで成功したとしても、その結果に対して、けっして満足できないでしょう。

ビジネスにおいても、「信じて念じる心」は必要です。

自分の魂から出るものを信じて、相手のために一生懸命汗を流す。それがいい結果につながったら、一緒に喜ぶ。自分を信じ、相手を信じ、それがいい結果につながることを信じ続けていく。

目先の売り上げを追いかけて姑息《こそく》なことをして成功しても、何の意味もありません。少なくとも自分の魂は喜ばないでしょう。

魂が喜ぶことをしていかないと、成長はありません。

私は日々、塾生とともに、魂を喜ばせるようなさまざまな体験を通して、信じられる自分となり、「お人好し」にさらに磨きをかけていきたいと思っています。

第七章

出でよ！
令和の志士たち

―これから始まる動乱の時代

これから始まる動乱の時代といかに切り結ぶか。

これからの時代は、大変な時代になることが予想されます。

この世界的な大動乱の時代にあって「いかに生きるか」という問題は、私たちにとって最重要の課題です。

この時代に日本に生まれて、「一体自分は何を成すべきなのか」と、この一点を外すわけにはいきません。

私の主宰する「志誠學」においては、若い経営者諸君とともに、その命題を追求しています。

まず、大事なのは、自分の立ち位置がどこにあるかを知らねばなりません。

ただ、自分の小欲を満たすためにいるのなら、自分の少なくとも半径1メートル程度の世界の中で十分でしょう。

しかし、もっとフィールドを広げて、日本という国の中で一体自分はどこにいるのか。

日本の歴史の中で、自分はどこにいるのか。

あるいは、世界の中で自分はどこにいるのか。

世界史の中で自分はどこにいるのか。

そう問いかける意味は、大いにあります。


少なくともこの日本の、この時代に生まれた者には使命があります。

一人ひとり、その使命は違いますが、大変重要な使命を負っています。

私は、「志誠學」においてしっかりそのことを考えるとともに、座学のみならず、肉体を使って考えることも行っています。


この腐りゆく日本を立て直さなければならない、それが喫緊《きっきん》の課題です。

この時代に自分が何を成すべきなのか、考えたときに、やはりお手本となるのは、明治維新の志士たちです。そして、特攻隊の隊員です。

彼らの志をいかに受け継いでいくのか。

前述した歴史を動かしてきた人たちの「経験智」を少しでも肌身に感じて、新しい時代を築いていきたいと願ってやみません。

これからの時代を生きるには、それなりの覚悟が必要です。しっかりと自分軸を持たないと、大きな時代の流れに流されてしまいます。

資本主義の未来を憂う学者たちが多く現れているこの時代、大量生産、大量消費が続くことはもはや考えられません。

小欲に囚われていると、自分軸を持つことができません。大欲、大志を持つことによって、しっかりとした自分軸を持つことが可能です。

―神話を学ばなかった民族は滅びる

20世紀を代表する歴史学者、アーノルド・トインビーが「12、13歳くらいまでに民族の神話を学ばなかった民族は、例外なく滅んでいる」と言っています。

日本は、GHQの占領政策によって、学校で神話を教えることを禁止されました。

したがって、我が国がこのまま神話教育を行わない教育を続けるとしたら、将来、トインビーの予言のように日本は亡びてしまうかもしれません。

そもそも、自分の国の建国神話を知らない民族は、世界広しといえども、我が国くらいです。

ある有名企業の社長が著書の中で書いています。

その方の高校生のお嬢さんが夏休みにアメリカにホームステイに行きました。その体験がどれだけ楽しかったか、成田空港に迎えに行ったとき、待っていると何とも悲しげな面持ちで帰ってきたといいます。

そのわけを聞いてみると、ホームステイ先のホストマザーに聞かれたそうです。

「日本を作った人は誰ですか」

「日本はいつ作られたのですか」

その質問に答えられなかったそうです。

そして、こう言われたそうです。

「自分の国の始めを知らずに、自分の国を愛することはできません。自分の国を愛せない人が、他の国を愛することはできません。あなたに必要なのは、アメリカを知ることではなく、自分の国をいつ誰が作ったかを知ることです」

そこで、お嬢さんは、「お父さん、日本は、いつ、誰が作ったの？」とお父さんである社長に質問しました。

ところが、お父さんもその質問に答えられなかったのです。

これは、この社長のケースが珍しいのではありません。今、多くの日本人に同じ質問をしても、おそらく大半が答えられないでしょう。

したがって、今、我が国は、亡びる民族のリストの一番目にリストアップされているのではないでしょうか。

戦後、ＧＨＱの手によって、日本人の精神や文化がことごとく破壊されました。

その中でもとくに徹底的に破壊されたのは、「死生観」でした。

日本人の精神の根底には、「死んでも魂は生き続ける」という死生観がありました。

これは、日本人の魂の根幹に位置する大切なものです。

日本では、先の大東亜戦争で、多くの兵士や国民が自らの命を進んで犠牲にしました。

決して賛美するわけではありませんが、沖縄のひめゆり学徒隊の集団投身自決や神風特攻隊の爆弾を搭載して敵艦に激突する行為も、日本人独特の死生観に由来します。

前述した「七生報国」という死生観で、何度生まれ変わっても、国のために尽くすという独特の考え方です。

だから、私が若い人に言うのは、**「出国サムライ」になって、海外に出て、外から日本を見てみよう**、ということです。

ただし、パックツアーのようなものに参加して行っては、体は物理的に海外に行っても、精神は日本国内にいるのと同じなので意味はありません。

観光地を見て回ってはだめです。本当の海外の実情がわかりません。そして、外から日本がどう見えているのかもわかりません。

自分で旅券を手配し、言葉の通じないところへ行ってみることです。1週間でもいい、1か月でもいい。1年でもいい。とにかく観光ではなく、海外で生活してみることです。

一人で行く。とくに特別なものを見なくてもいい。大変な思いをしたというだけでもいいです。その体験が、日本に対する見方を変えてくれます。

幕末の志士たちは、300年の鎖国から解き放たれて、海外へと飛び出し、そして彼らの地で見たもの、感じたことを日本に持ち帰り、そして日本を変えていったのです。

今、自分が何をやったらいいか、わからなかったら、海外に行くことを勧めます。ぜひ「出国サムライ」になってください。

――特攻隊の父の本当の心

大西瀧次郎《おおにしたきじろう》海軍中将といえば、「特攻隊の父」といわれ、海軍の特別攻撃隊という無謀の作戦を立てた張本人ということで、戦後はむしろ否定的な評価を受けている人物です。

しかし、神風特別攻撃隊という、若い兵隊の命を犠牲にする作戦を敢行するというのは、並々ならぬ神経の持ち主といえるでしょう。

戦局は日本の配色を色濃くし、物資もない、十分な兵たんを用意できないところから、多くの兵士は敵と戦う前に飢えによって命を絶たれていました。もはや本土決戦は必至ということは誰もが感じているところでした。

まだ軍の中には戦争を継続すべきとする者も少なくありませんでした。
しかし、日本が勝利する確率は1パーセントもありませんでした。
そこで、大西が考えたことは、ただ一点でした。

「日本を亡国にしない」――そのことでした。

たとえ戦に敗れたとしても、日本を他国の植民地として、日本という国名が地球上からなくなり、天皇陛下がその位置にとどまられない、という最悪の事態を回避することでした。そこで考えられたのが、神風特別攻撃隊です。

多くの若者の命を犠牲にしなければならない。しかし、その尊い命と引き換えにこの国を守ることができるならば、と大西は考えたのでした。

大西は、多くの若者を死なせて平気でいられるような冷血漢ではありませんでした。

敗色濃厚な戦局にあって、特攻隊の創出により、戦局を大逆転するというような非合理的な考えの持ち主でもありません。

まして、敗戦必死で気が狂ったわけでもありません。

この作戦を敢行したとき、すでに大西は延命することは、爪の先ほども考えてはいませんでした。多数の若者の命と引き換えるものは、日本の亡国を回避することだけでした。

戦後の平和な世の中にあって、大西瀧次郎海軍中将のことを非難する者はあっても、その心情を理解する日本人は残念ながら、ほとんど見られなかったのです。

大西は、天皇の玉音放送が流れた翌日、1945年（昭和20年）8月16日に官舎にて介錯なしの割腹自決しています。残された遺書には、自らの死をもって旧部下の英霊とその遺族に謝す、とし、また、一般青壮年に対しては、軽挙妄動を慎み、日本の復興、発展に尽くすよう諭した内容でした。

辞世の句として「すがすがし　暴風のあと　月清し」と詠んでいます。

日本の亡国は免れた、当初の思いが叶えられたとの清々しい思いをもって自決したのでしょう。

戦後の安逸な平和に慣れた者から見れば、特攻作戦は「無駄に若い命を犠牲にした」と大西を非難することができます。しかしその本質には、「日本を亡国から守る」という切実な思いがありました。大西がそのような思いで、苦渋の選択として特攻作戦を敢行するということは、特攻隊で自らの命を懸けた若き兵士たちの胸に届いていたことでしょう。

誰もが進んで死にたいなどとは思わないものです。しかし、自分の命と引き換えに、愛する家族を守る、愛する祖国を守る、ということを胸にとどめて散っていきました。

一見、無駄に見える事象の中にも、深く洞察すれば、その本質には、かけがえのないものが秘められている、ということは他にもみられることではないでしょうか。

この大西の思いこそ、「経験智」として、じっくり考えてみてもらいたいのです。

―最善を尽くすことの意味

近頃の若い人は、効率を考えて、要領よくやることが上手なようです。

前述しましたが、ビデオを倍速で見たり、スマホからデータを取得して、さまざまな情報を効率よく手に入れているようです。

たしかに現在は、一見便利な世の中です。しかし、何事も効率がよければいい、というものでもありません。

馬鹿みたいに最善を尽くすことで、創意工夫が生まれ、それが質に転化してくることがあります。

こんな物語をご存知でしょうか。

旧ソ連の構成国であったウズベキスタンという国があります。中央アジアにある小さな国です。その首都タシケント市にナボイ劇場という、市民に親しまれている劇場がありまず。この劇場は私たち日本人が大いに関係しているのです。

第二次世界大戦で日本が敗れ、満州（今の中国）で捕虜となった日本兵は、シベリアに抑留され、森林伐採や鉄道敷設などに強制労働を命じられ、厳しい日々を送りました。そのうち一部の日本兵が、戦争で工事が中断していたナボイ劇場の完成を命じられました。工事を命じられたのは５００名ほどの日本兵でした。その指揮をとる隊長は24歳の永田大尉でした。

劇場完成の命を受けた永田大尉が考えたのは、隊員たち全員を無事に日本に帰国させること。劇場の工事をするにあたり、捕虜の手抜き工事だといわれないだけのものにすること。さらに、日本人はさすがであると尊敬されるような立派な建物にすること。

工事に携わる兵たちにもそのことを伝えました。

しかし極寒の地で、十分な暖房もなく、食事も満足に与えられず、体調を崩す者も少なくありませんでした。

このような劣悪な環境にあっても、決して手を抜かず、劇場完成に向けて全力を尽くしている捕虜の日本人の姿を見て、ウズベキスタン人は次第に尊敬のまなざしを向けるようになりました。そっと食事を差し入れすることもあったということです。

地元の子供たちがパンを差し入れてくれた際には、後日、差し入れしてくれた場所に、日本人が木で作った玩具がお礼の意味で置かれてあったといいます。

日本人の活躍もあり、ナボイ劇場は2年の歳月を費やして完成しました。

ほとんどの日本人は、永田大尉の願ったように無事に帰国することができました。

それから19年後の1966年、タシケント市は直下型の大地震に襲われました。

街がほぼ壊滅する規模の大惨事でした。

しかし、その中でナボイ劇場だけは壊れることもなく、瓦礫《がれき》だらけの街の中ですっくとその偉容を示し、被災者の避難所として大きな役割を果たしたのです。

また、他にも壊れなかった建物がありましたが、いずれも日本人捕虜が手掛けたものでした。

大地震にも耐えたナボイ劇場のエピソードは、日本人の技術力の高さや、どんな状況にあっても決して手を抜かない勤勉さを示す話として、ウズベキスタンのみならず、中央アジアの国々に伝えられ、今日でもそれらの国々では親日家が多いということです。

永田大尉が願った、大地震にも微動だにしなかったナボイ劇場の姿を通して、日本人に対する敬意というものが実現されたのでした。

馬鹿みたいに最善を尽くしたことの結果は、時間が経っても少しも揺ぐことがありません。むしろ、時間を経ることにより、その真価が表れてくるのです。

昔の日本人には、このような美質が備わっていました。

そのベースにあるのは、**たとえ誰が見ていなくとも、**「**お天道様が見ている**」と言って、陰日向《かげひなた》なく、大いなるものを尊崇し、何ごとに対しても全力を尽くして取り組む勤勉さがあったのです。

ウズベキスタンは1991年のソ連の崩壊にともない独立を果たしました。ナボイ劇場の建設当時、「日本人の捕虜が建てた」という意味の石碑が建てられていました。

それが独立後、大統領は、「彼らは恩人だ。間違っても捕虜と書くことはあいならん」と言って、石碑の文言を書き直させました。

そこには「日本国民がナボイ劇場の建設に参加し、完成に貢献した」とありました。

あとがき

これからの時代を、従来の時代の延長と捉えていたらとんでもないことになるでしょう。この2年あまりのコロナ禍によって、経済環境や社会システムが大きく変わってきているることをみなさんも感じていると思います。

レイ・カーツワイル博士が提唱する概念の「シンギュラリティ」が注目されています。「技術的特異点」と訳されていますが、「指数関数的に進化するAI（人工知能）が人間の知能を凌駕する時点」ということを意味しています。

これから30年くらいの時間の中で、それが起こるといわれています。

多くの仕事がAIとロボットによって片替わりしていくとの予想です。

実際に今日においても、かなり仕事はデジタル化が進んでいますが、シンギュラリティに到達すると、今の仕事の99パーセントはなくなるといわれています。

その前に2035年あたりでは、今の仕事の50パーセントはなくなっていると予想されています。

近い将来、ビジネス環境は大きく変わることは間違いありません。

しかし、**人間しかできないことは絶対に無くなりません**。

SF小説などで、スーパーコンピュータが人類を支配するようなディストピアを描いたものがあるようですが、そのようなことにはならないでしょう。

これから人間社会にとって大事になってくるのは、あらゆる情報のデジタル化に対応する知識だけでなく、ヒューマンパワー、すなわち人間力が益々必要になってくるはずです。

どれだけ技術的に進化しても、所詮、機械は機械です。人間を超えることはできません。

ですから、これからの時代の最重要のスキルは、人間力ではないかと思います。

人間力を磨くには、総合力が必要です。

コミュニケーション能力は当然として、歴史認識や文化伝統の理解、未来を読む力、国の未来を思う想像力も必要かもしれません。

次世代を担う若き経営者に対して、ビジネス思考は当然のこととして、こうした未来に必要な人間力を鍛える場としての「志誠學」なのです。

この場所から、未来の世界を変える、いわば世界維新の志士が輩出することを願って、この活動を続けています。


今の社会で、どれだけ立派なことを言ってもビジネスで成功しなければ、残念ながら人は認めてくれないでしょう。しかし、「お金があれば成功」なのではありません。ビジネスで成功しつつも、「利他の精神」を忘れてはなりません。


あなたの目の前の、すぐ側まで、令和維新ではなく、世界維新、地球維新の時代がやってきています。この偉業が成し遂げられないならば、人類には次の時代はありません。人類が滅亡するか、繁栄するかの分岐点に私たちはいます。

そのとき、日本人が果たす役割は小さくないと思います。

この時代に活躍する人材を養成するために、私は「志誠學」を開いたのです。

この本を手にした人で、我こそは、という人はどうぞ門を叩いてください。

いつでも歓迎いたします。

「志誠學」のカリキュラム等については、横のＱＲコードでご確認ください。

この危機の時代、一部の目覚めている者にしかわかりません。その数少ない者として、本書を手に取ってくださったことに感謝いたします。

未来の邂逅《かいこう》を願って、筆をおくことといたします。

林　正孝

追記

本書をお読みいただいた読者の皆様に感謝いたします。

さて、ここで大変残念なご報告をしなければなりません。

本書の原稿の最終校正を出版社にお渡しした時点で、何とも悲しい報告が私の耳に届きました。

第六章で紹介した「コロイド化ヨウ素」によって脳腫瘍を克服した上野祐貴君の訃報がつい先程私のもとに届けられました。

私が原稿執筆するにあたり、上野君は快く協力を申し出てくれ、自らの体験を包み隠さず私に話してくれました。それから、まだ、ひと月もたっていません。

このまま本書が印刷されてしまえば、上野君の真実というものが隠されてしまうことになります。それは、上野君に対しても大変失礼になると思い、この文章をしたためている次第です。

実は、今、私は上野君の葬儀に列席するために、実家のある広島県に向かう新幹線の中でこの追記を書きはじめています。

上野君に触れた部分について、ご遺族の了解をいただかなければなりません。ご遺族が当該箇所の掲載を不可とされたなら、その部分をカットしなければなりません。

そのため、出版社にお願いして原稿内容を変更することになりますが、幸い、ご遺族は、一部表現を変更のうえ、掲載を了解してくださいました。

上野君は、本文にもあった通り、「コロイド化ヨウ素」によって、現代医学でも治療は不可能といわれた箇所の脳腫瘍は克服しました。そのことに間違いはありません。

そこで、上野君は、「志誠學」で学んだ通り、日本の本当の歴史に触発され、私たち一人ひとり覚醒と世界の平和を実現するために、自分ができることは何か、模索中でした。

死に直面しているにもかかわらず、泣き言は一切漏らさず、常に前向きな生き方を変えず、多くの仲間の信頼を寄せられる人格は最後の最後まで揺るぎないものでした。

私は同じ「志誠學」を学ぶ同志として、彼を最後まで自分の命を燃焼し尽くして逝った誇り高き同志として見送りました。

彼のことを心から誇りに思い、尊敬の念を持たずにはおられません。

同学の仲間も彼の訃報を聞きつけると、何十人も葬儀に駆けつけました。上野君の生きざまを素晴らしいと思い、その遺志を継いで彼の分も自分たちで全うしなければならないと、改めて心に誓ったのです。私も、そして一緒に「志誠學」を学んだ法友たちも、永遠に上野君のことは忘れることはないでしょう。

ここに上野祐貴君の冥福を心よりお祈りして、本書の追記とさせていただきます。

ありがとうございました。

著者略歴

林 正孝（はやし まさたか）

1962年広島県生まれ。87年中央大学法学部卒業後、ソフトウェア会社でのシステム営業を経て、大手人材サービス会社にて記録的なスピードで主任、マネージャーへと昇格。年間MVPなど全てのタイトルを取得。95年には全国NO.1マネージャーとなる。

96年ソニー生命保険入社。保険業界共通の基準であるMDRT（Million Dollar Round Table）登録を入社以来28年連続、現在も6倍の基準であるTOT継続中（21年にはクォーターセンチュリーメンバーに認定）。

97年よりソフトウェア会社にて社外取締役、03年より教育研修会社にて財務取締役、他にもIT関連会社、人材教育会社、不動産販売会社の取締役、顧問を歴任。

12年7月に経営コンサルティング会社・株式会社WADOウイングスを設立。

現在は、株式会社WADOウイングスの代表取締役であり、同系列会社の株式会社WADOレボリューション、株式会社WADOプロテージの代表取締役を務める傍ら、一般社団法人志誠義塾大學校を主宰。

新たなる時代の先駆者として伝説に残るプロセールス育成をミッションとする「レジェンドクラブ」、日本が古来より大切にしてきた天地人の教えであり、日産自動車の創設者である鮎川義介氏の経営哲学を伝承する「志誠學」をはじめ、他にも「地遊塾」「必成塾」「偉人塾」等、多数の主宰を務めている。

主な著書に『世界トップクラス営業マンの1年の目標を20分で達成する仕事術』、『営業とは道である 本物の営業マンを目指すあなたへ』（アイバス出版）、『志士道　現代人が先人から学ぶ大切なこと』（日本ベンチャー大學パブリッシング）、『世界が驚愕した大和魂　～日本型経営の心構えと在り方～』（ギャラクシーブックス）、海上自衛隊特殊部隊の創設者・伊藤 祐靖氏との共著『特殊部隊に学ぶ ビジネス強化書』（産業能率大学出版部）

大変革時代《だいへんかくじだい》のビジネス思考《しこう》、生《い》き方《かた》とは何《なに》か？
―伝説《でんせつ》の破天荒営業《はてんこうえいぎょう》マンが伝《つた》える―

2023年10月27日　初版第1刷発行
著　者　林　正孝
発行者　友村太郎
発行所　知道出版
〒101-0051 東京都千代田区神田神保町1-11-2
天下一第二ビル3F
TEL 03-5282-3185　FAX 03-5282-3186
http://www.chido.co.jp
印　刷　ルナテック

ISBN978-4-88664-362-9